的好，都不如剛剛好

May you be faithful to yourself,
live earnestly and laugh freel.

徐竹——著

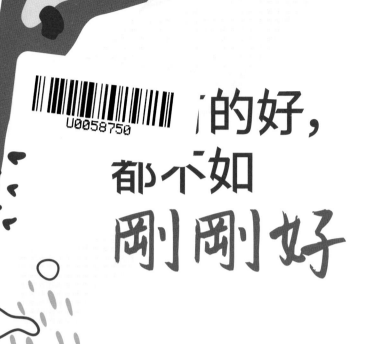

作者序
成就更好的自己

遇到種種不順時，你會先抱怨，還是趕緊解決問題？在人生的道路上，我們或多或少會遇到些坎坷，此時心裡難免會心生怨氣，然而，與其怪命運，還不如反省自己，勇敢地面對這些顛簸，才能避免將來重蹈覆轍。

「怎麼突然下大雨了？」你是不是曾有類似的困擾？你每天包包裡都裝著一把雨傘，偏偏沒帶那天卻剛好下了雨，這不是因為你運氣不好，而是你出門前留意天氣的變化了嗎？每個人都有習氣、都或多或少有些缺點，平時這些習氣或是小缺點，對你沒有什麼影響，但在狀況發生時才會因此意識到自己的不足。

當我們對別人的幸運與成功心生羡慕時，卻往往忽略了對方在背後付出的努力與心血。因為我們總習慣關注別人風光的一面，卻未曾深入去了解對方的背景、歷程。當我們懂得開始提出質疑——為什麼別人可以，我卻不行？對別人的成功產生好奇，對自我提出挑戰時，我們會去參考他們是怎麼辦到的，他們曾經做過什麼決定導致失敗、他們付出了哪些努力，才有今天的成果

我們都希望過得更好，擁有夢想中的一切，但這是一步步追求而來的。沒有人不會犯錯，當我們與美好的事物錯身而過，感到遺憾，甚至埋怨時，正是我們可以檢討、修正那些招致失敗的缺點或想法的最佳時機。

不要給自己太多藉口，因為上天是公平的，如果我們粗率行事，遲早要踢到大鐵板，好運不會一直與你常相左右。同樣的，厄運也會因為你的改變而扭轉。若總是等待奇蹟降臨，就等於任由他人決定自己的未來，況且命運捉摸不定，根本不知道哪天幸運才會「輪到你」。

別老是拿運氣當藉口，而是從根本做起。若懂得反過來自己創造機會，改善一些導致失敗的毛病，你的命運就掌握在自己手上，隨時都能作好準備重新出發，人生豈不快哉！

目錄

CHAPTER 02
拖延是致命傷

CHAPTER 03

距離的美感

CHAPTER 04

是時候離開了

CHAPTER 05 別忘了你是誰

有點童心，有點孩子氣，不強裝成完美的大人，
現在的你，就是剛剛好的自己。

現在的你，就是剛剛好的自己

你不一定要很厲害，才能開始；你要先開始，才能很厲害。

——王勝忠

CHAPTER 01

規劃人生，不要做無頭蒼蠅

1. 培養建設性思考，才不會將好事拒之門外

前些日子和朋友去爬了天母古道親山步道，不想才隔了兩日，其中一位朋友就來訊說，因發生小車禍，腳趾受傷打了石膏，所以我們約定的一月一爬山的活動需暫停。閒聊間，朋友說起某生肖今年的運勢果然欠佳，一位非常樂觀正向的朋友立即表示，這只是視網膜效應罷了。這位正向積極的朋友讓我想起多年前金凱瑞主演的電影《沒問題先生》（Yes Man）。

電影內容描述主角是個凡事愛找藉口，事來總拒絕的銀行核貸人員。自從和前妻離婚後，就過著不參與任何社交活動，每夜只會窩在家裡看DVD的生活。直到參加朋友介紹的「YES」講座，講師演說時說中主角內心深

處，並預言他必須向每個機會都說「YES」，如說「NO」會遭致不幸。

不得已之下，主角只好答應一切邀約與請求，從此成為「沒問題先生」。不想，主角的命運開始大不同，不僅學會開飛機、韓文、吉他，甚至開展了新戀情，而好運也開始接踵而至。

誇張的劇情搭上金凱瑞的誇張表演，非常有趣，但在有趣之餘，也給人一些啟發。看完電影那時我的想法是，面對生活我們要敢於有所期待，用正向積極的態度向自己挑戰，人生才會形成良性循環。

經過這些年歲月的積累，我的想法略有些不同了。電影中有句台詞：「這個世界是一座遊樂園，小時候大家都知道，長大後大家都忘記了。」對每個機會說「YES」，猶如拿到了無限暢玩的門票，可以盡情體驗各種設施；可是，我們必須在合理可控制的風險範圍內嘗試，才能真的讓自己的生活更加的豐富多采，不然，把自己玩完了，還談什麼機會、嘗試。

一定要保持樂觀才叫做「過生活」嗎？你是否聽膩了關於「正向思考」的說詞？看膩了那些打著正向思考名號的假性的正面思考？負面思考真的是百害無一利，而正面思考就一定利多於弊？其實，有時「負向思考」未必不是好事。

根據研究顯示，「負面」的紅燈思考能讓我們避開危險、改善人際關係、提升說服力。抱著負向心情的人凡事會先做最壞的打算，因而會從各種角度仔細探討過後再下判斷；在人際關係上會比抱著正向心情的人更謹慎周到等。

「負面思考」能使我們從更多元的角度去看待問題或謹慎下決定，而不僅僅著眼於膚淺的假象。當我們能看到更多面向，就能避免失誤，朝著正確的方向前進，使我們更腳踏實地，減少犯錯的機會。

當然，負面思考也得適量，就像植物一樣，總還是要保持向光，才能使自己更加成長茁壯。該擔憂的問題我們納入考量，但對生活依然要保持信心，朝美好的願景前進。

客觀來說，我們的思想與作為該往具建設性的方向邁開大步，而不是一味的講求「正面」、「負面」。

真正且實際的「建設性思考」是理性分析其可能，不是含糊不清的雞湯，是能具體執行，不是莫名其妙、奇蹟般達成，是針對事情本身，而非天馬行空不著邊際的幻想。以職場為例。你如果老是擔心背後被人「捅一刀」，害怕自己過於鋒芒畢露而不敢表現，那麼如何在工作上展現佳績呢？

如果我們一直暗戀著某個對象，又不知道對方目前的感情狀態，也不了解對方對你有沒有意思，光是淪於空想也只能讓感情原地踏步，繼續自我折騰。積極且具建設性的做法，當然不是要你立即上前表白，而是找尋更多旁敲側擊的方法。譬如認識對方的朋友、找機會打聽對方的感情狀態等，這些都是有跡可循，總好過一個人悶在看不到未來的情感中要強。

也許你會擔心：萬一得知對方已有對象了，那自己的美夢豈不是即刻被戳破了嗎？其實這對你來說或許有利無害，及時煞車總比浪費光陰好。當你死了這條心轉移目標，未來還能找到更好的，這豈不更棒！就讓暗戀成為美好的回憶，而不是跟它糾纏不清。

懂得以建設性思考去面對困難的人，會理解如何規劃自己的人生，不會被人生路上的小障礙絆倒，更不會輕易因遭受阻礙而自怨自艾、批評抱怨，甚至停止不前。因為有具體的計畫，我們會採取一步步的行動實實在在的努力，去爭取生命更美好的願景。

因此，常常提醒自己，以建設性的思考面對人生，才能理智大於情緒，不容易被人影響，也不易受人控制，因為你很清楚自己要的是什麼。有一句名言是：「你只要敢要，上天自會為你安排一切。」只要下定決心，深信自己值得更好的未來，那就不會為失去的感到可惜，也不會為悲傷停留，相信幸福遲早會來到你身邊。

2. 當你逐漸開拓自己的視野後

在日常生活中，或多或少會在用詞、行為上帶有偏見，這可能來自於習慣於社會所框架形塑的價值觀，或是過去不愉快的經驗，或是在事件發展的最初就遇到差勁的人，都會使我們有了先入為主的印象，而對某些人、某些事產生了負面的看法。

紐約大學的社會心理學家多莉・楚弗（Dolly Chugh）認為，偏見分為兩種：有意的偏見和潛意識中的偏見。例如，你會覺得日本人的英文對話不流利；看到在公園角落睡覺的街友，心裡會想：「為什麼不去工作呢？」這些都是潛意識中的偏見。

這樣的看法可能會影響到將來我們接觸類似的人事物時，因為先入為主的偏見，反倒喪失了可能的有利機會。

但隨著我們接觸越來越多類似的人事物，我們的觀念很可能會跟著改變，而打破這些偏見。這就好比我們剛到一個新景點旅遊，遇上的好事或壞事，都將成為你對該處的第一印象。如果你恰好遇到熱情好客的居民，你可能以為此處的人都是如此，直到你發現那些令人驚訝的「意外」。

反之，要是先碰到差勁的導遊、糾纏不清的小販、賣假貨的商家等，你對該處旅遊景點會留存不好的回憶，未來可能不會再前往，甚至認為該處的居民都令人厭惡。這就是種先入為主的刻板印象。

其實這也是人之常情，我們往往會被第一印象所引導，而對某些人、某些事物產生偏見，進而產生對某一族群的觀感。這正印證了，人往往被事物的外表所蒙蔽，以至於過度樂觀或悲觀，因為無法保持客觀，而失去一些寶貴的經驗。

記得我首次獨自到海島旅行時，很幸運的遇到一群樂天善良的當地朋友與旅居該處的親切西方人，當時我以為這裡的所有人都跟他們一樣。

但隨著去的次數越多、待的時間越久，才漸漸發現其實不然。不是所有西方人都是這麼容易親近，當地人也不是全部都那麼純樸善良，甚至原本以為熱情的人們，也會在相處久了之後，慢慢顯露出原本的面目。

人們初識的笑臉背後可能隱隱藏了其他的目的，而那些看似親切的外國人其實也很有自己的原則和個性，因為文化差異而逐漸跟你原本的想像有了落差。這樣並沒有不好，只是我們常常跟從第一印象判斷太過天真，以至於後來發現事實並不符合當初的想像，容易因而產生失望。

前段時間我在「Youtube」上看到的一個很有感觸的美國節目，它是美國ABC電視網一個知名的節目叫「你會怎麼做」（What would you do），每次看都很有感觸。

這個節目乍看之下很像早期火紅的整人節目，每集都請來幾位不知名的演員演出一些生活「情境劇」，然後隱藏式的攝影機會拍下路人的反應。例如安排一個流浪漢到餐廳裡用餐，並讓扮演的餐廳職員去羞辱流浪漢身上的氣味、趕他出去，看一旁用餐的人會如何反應？或是家長帶著患有妥瑞症的孩子在餐廳裡用餐，當孩子高聲重複他要的餐點、做出奇怪舉動，隔壁桌的臨演男子要求他的雙親將這孩子帶回家時，看看其他客人會做什麼回應？另外還有在賣場尖峰時段，一名唐氏症店員緩慢但細心地將商品裝入購物袋，但扮演趕時間的顧客因不耐等候咒罵起這位店員，看看旁觀者是否願意挺身而出？

在電視的情境裡，雖然不是每個人都能挺身而出為弱勢者發聲，但是，每次只要有人願意挺身而出時，都會叫我感動到熱淚盈眶。從中我也看到自己也時常存在著偏見，而冷漠對待身邊的人。

總之，不管是什麼樣的族群，都不該以偏蓋全，因為每個人都是獨立的個體，你總能碰到些好的，願意真心為你著想的人們。只要事先懂得保護自己，別對誰都掏心掏肺就好。

以開放的視野培養自己看事情的深度和廣度。當你接觸得越多、見識越廣，你的思想就能更開闊，讓美善的留駐，將邪惡濾除，這就是成長。我們都經由學習成長，變得更有智慧，更懂得如何面對複雜的社會，這樣的智慧任誰也偷不走，將是你我一生寶貴的資產。

3.邁向起而行的行動派人

當我們意識到生活中的壞習慣將造成危害，那表示自己已經有向上的決心，這是一個好的開始。讓我們找出方式，不求快，只求一步步進展，直到把惡習連根拔除為止。

若我們不及早改變，一段時間之後再回顧，我們可能會對自己所失去的感到扼腕，而一切終將難以挽回。

只要我們有心，任何時候開始改變都不會太晚。我想分享我自己建立新習慣或改變舊習慣的方法給大家參考。

自我改善的方式：

給予令人滿足的獎勵

這算是最溫和的方式，用一種正向的態度鼓勵、督促自己。為自己設下分階段的小目標，每完成一個目標便給自己一些小小的獎賞。很多時候我們常常忘記給自己一些獎勵，以至於完成一件事與沒完成一件事，在個人感受上並沒有太大的差別。這獎勵不一定是實質的開銷，有時可能是克服一項挑戰、做好一個小小改變後，給自己稍微的放鬆，做點讓自己開心的事透透氣。

譬如，我特別愛追劇，因此會設定在週間工作日寫作完成的字數，如果完成目標，週末就會放鬆好好追劇。所以，你喜愛的上網，睡覺、或是大吃大喝、報名興趣研習營等都能列入獎勵。這些消遣甚至興趣的鑽研在你決定改變之初，必須暫時壓抑，放棄眼前的誘惑，先把時間先分配在重要的事情上。不達目標絕不鬆懈，而這些消遣正是不讓自己彈性疲乏最好的獎勵。在你辛苦為改善自己付出之後，給自己喘口氣的機會，以便重新整裝，再往下一個目標前進。

另外，你也可以準備一個空撲滿，每次執行完目標後就投入十元，隨著你目標的完成，撲滿裡的錢也會增加，相信這樣的滿足感，也能增加你持續改變的動力。

保持危機感

老實說，人都是偏好安逸與懶散的，所以，有時負面狀況的發生反而更能激發出自我的潛能。我們不妨想想，如果不是因為那些危機意識，我們可能無法產生堅決必勝的決心。因為大部分人都希望遠離危機，尋求安逸，如果不是一些外在條件的刺激，誰會輕易離開舒適圈，主動創造更美好的未來？

保持危機感是一種讓我們脫離惰性的好方式。如果我們能時時警惕自己，看遠一點，將有助於我們產生前進的動力。我記得學習瑜珈時，每週因為參加課程總是可以每天堅持練習，課程結束後剛開始我仍堅持每日一練習，但漸漸地，我開始退回到二三天一次、一週一次的狀態，或者乾脆放棄，等到再想起時，發現已經很久沒有練習了。

不要相信自己的意志力，人是有惰性的我們需要明確的目標督促自己。經常提醒自己具備危機意識，你就會想方設法改善生活，而不是讓惰性操控了你。

有計畫的人生

若生活過得散漫，日子很容易一混就過，一旦回顧過往，將發現生活一片空白，才察覺自己未曾替自己留下些什麼。因此，為生活詳列計畫表，是改變生活的第一步。

剛開始不需要設定太偉大的「夢想」，夢想雖大，也得按計畫一步步進行，才有可能達到目標。就拿你想當「南丁格爾」或「無國界醫生」為例，也得先考上醫學院或護校，接受專業的訓練，通過各層測試才行。

因此，無論你想成為什麼樣的人，別光停留在「想像」階段，而是要實際付出行動，為自己的生活規劃實踐夢想的階梯。這種規劃可以從小至大，先一小段一小段的進行，時間一久自然能看出成效。

改變任何習慣，都是需要一步步計畫才能達成，當你完成了小目標，就能替自己建立小小的成就感，慢慢激勵自己完成更大的目標，你就能不知不覺地朝向自己的目標更進一步！只要保持這樣良好的習慣，誰說夢想是無法達成的呢？

4. 專注在自己能做到的，只求不後悔

專注在一段對話，一項工作，在現今的生活上漸漸變成了奢侈品。我們所處的環境，讓我們很難專注在某一件事情上，一個App、一個電話，甚至一個雜念，就把我們的專注力帶走。

專注你所專注的，或許會有不同的結果！

回想一下，在我們的求學過程中最重要的就是學習，那時的我們往往是專注力最好的時候，因為有著「要考上好學校」、「成績不得落人後」的壓力產生的上進心，進而專注在課業上。這段時期，無論是課業還是閱讀課外書籍時，我們都能持續保持著豐沛的精力（仔細想想，我自己在學生時代看

過的課外讀物遠遠超過了出社會以後），為何當我們出了社會後，專注力卻變差了？成天「東做做、西摸摸」一天不知不覺就過去了，直到第二天才驚覺，原本打算完成的事一點進度也沒有，然後懊悔自責。但悲慘的是，同樣的狀況很可能第二天又再度重演，而且依然「忙」得不亦樂乎。

你可能會把所有的問題歸罪於：「自己太健忘」，因為身邊的瑣事太多，以至於經常把重要的事情暫時擱在一邊。但這真能成為藉口嗎？

吃掉那隻青蛙，優先做自己害怕的那件事

當我們有太多要處理的雜務時，就容易因此忘了最重要的事，這不是因為「健忘」，而是我們模糊了處理問題的先後次序。

人們經常有個毛病：喜歡先做容易的事。優先處理看似無須花太多精力的事，以為可以迅速完成，但時間都因此花在那些無關緊要的問題上，反倒是我們真正該處理的事情給遺漏了。

馬克・吐溫（Mark Twain）說過：「假如每天早上第一件事，是生吃一隻青蛙，接下來的一天就會過得比較順利，因為你很清楚這可能是一整天之

中最糟糕的事情了。」「吃青蛙」比喻的是：那件最難處理，你最不想碰，卻又最重要的事。優先做自己害怕的那件事，接下來就不會再為它擔憂，其他依重要程度決定順位，慢慢一項項處理，就不會造成「一事無成」的結局。

如果這樣還不夠清楚，不如拿張紙清楚把所有待辦事宜C、問題記錄下來，先分析事情的重要性，這樣一來可以提醒自己，也就不會有「遺漏」的問題了。

專注於重要的事，避免陷於急迫

不知該如何選擇，也會讓我們失去專注力。無法分辨哪些才是重要的、哪些無關緊要，會讓每個微小的決定，都可能變成吃掉時間的怪獸。

其實，要釐清問題的先後順序並不那麼困難，簡單的用「影響層面大小」作為依據就簡單得多了！像是小小的蛀牙若你以為不痛就不去補，最後可能整顆牙都要拔掉，花掉一大筆的金錢；工作上需要詳加規劃的企劃案，如果你不事先用心準備資料，等到緊要關頭草草敷衍了事，影響工作成效，將功虧一簣。

很多機會一旦喪失就難再復返，如何運用你的時間往往就是關鍵的鑰匙。

運用番茄時間管理法，半小時只專心做一件事

你知道「番茄鐘工作法」嗎？很久之前聽別人分享過，但最近我開始運用在生活當中。會有這個改變，是因為受不了自己把很多時間放在無謂的事情上，試著改變之後，感覺自己不會再虛度時間，生活更踏實了。

無論是你想學好第二國語言，或是想學一種興趣、完成某件工作，請試圖撇開一切雜務，就先只做好手上那件事情。而且為自己訂出一段時間，千萬不能只是三、五分鐘的熱度，根本成不了氣候，而是至少一次得專注花上超過半小時的時間。

調好你的鬧鐘，時限未到絕不分心做第二件事（當然，緊急狀況除外），你要有種「什麼都擋不住你的決心」。讓自己拿回以前唸書時的熱忱與專注力。保持在自己訂下的時間內維持專注。這也是一種克制自己、找回

意志力的方式。

學著運用以上自我訓練方式，相信很快的你就能找回過去對事情的集中力，不讓「健忘症」控制你，而成功擺脫渾渾噩噩的日子。

5.克服惰性，為自己的人生規劃

想要克服自己的惰性，關鍵在於懂得擬定計畫，並且按部就班一步步執行。這聽起來像是老生常談，但事實上很多人卻都做不到。

我們很容易把目標訂得太高太遠，最終夢想成了空想，自己依舊在原地繞圈圈。想要跨出第一步，需要執行力與毅力，而如何替自己擬訂計畫，就成了重要的一環。

忙碌的生活是否壓得你喘不過氣？很多自己喜歡的事物或想做的事，最後都被我們遺忘了。連出門買個東西，我們都很可能因為太多外在誘惑，最後帶回家的不是你真正需要的，反而把最重要的東西給遺忘了。

生活中有太多瑣瑣碎碎的雜事，分散了我們的注意力，反倒是明明「最想」做的卻被我們排在最後，在心中自忖：「等我有時間再進行吧！」然而這個「時間」卻永遠排不上，以至於一拖再拖，最後被掩埋在記憶的深處。

在多年前我曾看過一位安寧照護護士的一篇文章，文中記下了病人的故事，以及病人在人生最後一段日子裡最常有的遺憾。她也發現很多人的遺憾都很相似，大致可以整理出死前五大遺憾。這些臨終前的遺憾，提醒著我們該趁早完成自己的夢想。但是說歸說，過了一會兒又全數遺忘了。難道我們真的要被「逼急」了，才會去翻舊帳，想起那些偉大的心願嗎？

化繁為簡，別讓過多的資訊干擾自己

用不著大費周章，只不過需要些小小的安排：把你最想做的，對你來說最重要的事情列一張清單，清單上照著事情的重要程度排序，然後開始訂定短期、中期、長期目標，將這張紙貼在最顯眼的地方，可以時時提醒自己。

只要按照計畫一步步推進，即使因為忙碌而暫時耽擱了，走得慢一點、緩一些，總比什麼都不做要來得好。

從年初開始我讓自己實行了一段時間的「只做想做的事」的夢想計畫。起因是我發現自己每天漫無目的地滑手機，我想結束那樣的生活。我從清楚記下每個時段的行為開始，為自己設定每個月的核心目標、核心計畫，例如，我很喜歡畫畫，可是覺得自己畫得不是特別好，因此放棄了，但透過這個計畫，我又重新開始畫畫了。

很多小目標在執行的過程中你可能暫時看不出成效，但如果能照計畫進行，就算短時間內無法立刻達標，但至少能在完成一段短期目標時，感受到一股成就感，這就是規劃的好處。就像登高山一樣，或許仰望遠處的山峰時令人感到挫折與疲憊，你以為自己不可能成功，但慢慢一步一腳印持續的前進，過段時間回頭看，你已經不知不覺離出發點很遠很遠，而離目標越來越接近了。

當我們累積每一階段的成果，就能越來越接近成功。這也顯示出訂定計畫的重要性，也能讓自己減少放棄的藉口。從現在開始，把你最想達成的目標列下清單吧！

著名歌手和主持人陶晶瑩的長篇小說《二十一》裡有段話：「人有夢有

理想，總是浪漫地以為自己能做到，但是卻低估了自己的惰性和種種弱點，所以才這麼拉扯。」正因為如此，所以我們要學會讓自己自制力增強的方法，別讓自己偷走自己的時間！時間不等人，馬上就從現在開始，你將會夢想成真。

6.生活的重心放在哪，決定了你是誰

一個人把關注的焦點放在哪，就注定了你會成為什麼樣的人——這是不變的定律。當你關注的焦點放在好的飲食習慣，你就能獲得健康和好的身材；專注在經營人際關係，就能獲得好人緣；焦點放在抱怨，你只會得到失控的壞情緒。

有些人很早就知道自己要做什麼、想成為什麼樣的人，但有些人卻是在社會上庸庸碌碌了好一陣子，才知道自己真正要的是什麼。但這些都不打緊，只要能確立自己的目標，不過是時間的先後而已。但如果你能及早發現自己想從事的行業，明白自己想過的生活，不是比別人多出更多的時間，更容易成功嗎？

也有人明明已經找到了人生的方向，但卻仍庸庸碌碌過一生，似乎沒有什麼表現，這樣的話就該好好檢討了，是否自己將大部分時間用錯了地方？就像你明明輕而易舉可以吃到一隻炸雞腿，卻偏偏把時間拿去孵蛋一樣。

面對越來越商業化的社會，我們所能完全掌控的時間變得越來越少，除非你有十分堅強的意志力，或面臨巨大的壓力，否則很難不被外界干擾分心。

拿我自己曾經的例子來說。在寫作時，有個典故我忘了來源，於是上網查找，那不過只要花幾分鐘的時間，然而等我下線時，卻驚覺一個小時過去了。你是否也曾發生過只是想買一項民生用品，但一上購物網站，在不知不覺間已點選觀看了不少品項，又耗費了大半天的時間。又例如，拿著抽獎獲得的商品禮券到百貨公司，最後等走出來時大包小包不打緊，還買了一堆計畫外或根本不實用的東西。

除非你有無限循環的時光機，否則為了自己，一定得訓練自制力，才能免於時間被剝削的災難。

時間對一個人到底有多重要？你可能認為「今天不做，明天再做」沒什麼差別，但機會是不等人的；有些人跟事，錯過了就不會再回來。你可能因為耽擱了一件關鍵性的事件，而造成永久性的影響，任何的彌補都無法扭轉。

想像一下，當公司要求你明天交一份企劃案，你可以等一星期之後再交嗎？答案當然是不行！除非你想回家吃自己。那為什麼這麼珍貴屬於你自己的時間，卻要輕易的浪費掉呢？

把注意力放在關注那些無關痛癢的事情上，反倒把重要的問題給忽略了，那不是在跟自己過不去嗎？事後懊悔不已，甚至怪責自己浪費光陰也於事無補。後悔過去，擔心未來，比較今天，是人生不能有好的結果的最重要並且最為痛苦的三大來源。請記住：「你用於擔心未來、後悔過去的每一分鐘，你都失去和生命重新約會的一分鐘。」

有人說：「機會是留給準備好的人。」或許你覺得自己現在懷才不遇，也可能時運不濟，但如果能專心一致在目標上，把時間拿來充實自己的實力，等機會一來，還怕輪不到你表現嗎？

懂得善用時間，而不是讓他人去瓜分你的注意力。從今天開始，用心說好每一句話，問心無愧地做好一件事，善對待身邊的每一個人，做的過程中，路自然開放，自然就無暇後悔過去、擔心未來。

7. 你需要的只是多點時間

有人說：「時間往往是一種最好的良藥。」不管我們當時多麼傷心、痛苦，但經過一段時間的沉澱後，傷痛總能淡化，然後逐漸深埋在記憶裡，直到不再想起。

因此，沒有過不去的難關，也沒有離不開的難處，只要我們能多給自己一點時間，讓時間淡化一切，所有的問題都能自然而然的雲淡風輕。

曾經，我有幾次跟朋友發生爭執，埋怨對方怎麼躲了起來、不肯跟你面對面解決問題？但一段時間之後再回頭看，當時的爭執好像也沒什麼大不了的，如果當下在氣頭上找對方理論，反而造成雙方情感上更大的傷害，似乎也不是個好方法。反而是經過了一段時間，等彼此心平氣和，再跟對方就事論事，彼此多了些理智，更能找出一個平衡點。

這個做法套用在生活的多個層面也適用。有時你會發現，當下感到非常棘手的事，經過一段時間平靜下來不去想，問題反而有種無形中消弭的感覺，連自己也覺得不可思議。

當然，並不是要你把問題擱置、擺爛，而是讓自己沉澱，等情緒平復後更能找出適當的解決方法。許多的誤會，往往在我們的衝動之下搞得更糟，這樣倒不如先「等一等」，或許經過一段時間的沉澱，真相自然水落石出，那些誤會也解開了。就像《道德經》中說的「大辯若訥」的道理一樣，有時對於一些事情保持沉默恰恰是對自己最好的保護。因為有些事情解釋了，只會越描越黑，說不清楚。

這一點也說明了為什麼急性子常會讓我們搞砸很多問題，而那些看來慢條斯理的人，並非對問題不在意，而是多了份理智，懂得先讓自己冷靜下來，清楚的思考下一步該怎麼做。

尤其當我們面臨人生的重大決定時，更需要給自己一點時間，才能有充足的機會全方位思考，不致做出錯誤的判斷。

因為我們太容易陷入一種瓶頸，就是在事發當下膠著在某個點上面，甚至感到走投無路、求助無門，然而那些多半是擔心過度，是自己被思緒所綑綁，以致無法跳脫當下客觀的綜觀全局。

有時不作為反而比做了什麼，還要來得意外有成效。很多事情，在進入時間的軌道後，慢慢的懂了，所以願意放過；逐漸累積了勇氣，所以願意面對，而感到超脫了。

不是因為事情的本質有所改變，而是情勢因時間而有了改觀。那些令我們困惑、糾纏的問題，會隨著環境的因素而改變，甚至某些狀況可能隨時間的變化，而改變了事情的原貌。

最明顯能透過時間上得到治癒的，應屬感情問題了。試想當你失戀時，從剛開始的痛不欲生，到隔了一段時間再回頭去看，是不是會覺得事發當下的心痛，怎麼在不知不覺中就消失無蹤？或許回想起來還會有點傷感，但已經不是那種椎心的刺痛，而是一種淡淡的愁緒，再也擊潰不了你。這就是時間的療效。

所以，當我們陷入瓶頸、覺得無路可走時，不妨選擇抽離一段時間，讓時間跟空間去療癒創痛，讓時間去證明一切，你會發現，事情的發展往往會產生你意想不到的變化。

8.最好的生活是擁有選擇權

一個人能擁有更多的選擇，代表著他的能力夠強大，可以享有豐沛的資源，也能夠掌握更多面向的事物。相對的，那些受限於現實、別無選擇的人，到最後必得受到現實條件下人與事的牽制，像是被關進了籠子，能仰賴的只有單一對象，這不僅僅危險，對自己也是非常不利的。

很可惜的是，我們常常將自己投射在唯一的對象和選擇上，與其說是執著，倒不如說是為了確保安全感。可是，當我們對習慣的人事物抱以過多的期待後，一旦發現事實不如自己所想，將感到更大的失落，也開始怨天尤人起來。

對於習慣的人事物或環境，會讓我們感到舒適、安全，因此我們會習慣某一個圈子、習慣做同樣的工作、習慣一些既定行為……，這些習慣讓我們產生了依賴。習慣讓我們覺得外面的世界是危險的，對陌生的人事物充滿著戒心，殊不知經常對我們造成深刻傷害的，不就是這些最親近、你習以無償的人事物嗎？

蕭邦，浪漫又憂鬱的鋼琴詩人，一生為鋼琴而活，是古典鋼琴曲的代言人。他在年輕時就離開家鄉波蘭前往維也納學習音樂，在那裡他靠著音樂的天賦創造出與眾不同的鋼琴音樂，在上流社會中頗受好評。有一天他走在街上的時候，他遇到了十年前一起在街頭演奏的夥伴，發現他仍在他們當年一起占到的那塊最賺錢的地方演奏。夥伴問蕭邦現在在哪裡演奏，蕭邦回答了一個有名的音樂廳。夥伴驚訝的說：那邊的門口也很好賺錢嗎？

每個人的內在都有一個無形的「舒適區」。當我們活在自己熟悉的環境，與認識的人相處，做自己擅長做的事，會感到很舒適。「最賺錢的好地盤」對於蕭邦的朋友來說就是一個再好不過的舒適區，每天都有固定不錯的收入，於是習慣於停留在那裡，然而蕭邦卻選擇離開這塊舒適區去尋求更多的發展。增強自己的能力，透過不斷的學習，才能使自己成長，加強本身的實力。無論是去上課或自修都是很好的方式，我們可以學習比我們優秀的人身上的優點，看看別人應付事情的方法，面對衝突或困難的態度，都有助於我們變得更有智慧。

生活圈的大小往往取決於我們的自信和能力，你的能力越強，生活圈就越廣闊。一旦有足夠的自信，又何懼外來的挫折？信心能使你克服一切。很多事往往是一體兩面，最危險的地方很可能就是風景最明媚的景點；讓你感到畏懼的往往是最能成就你的地方，端看你有沒有勇氣踏出這一步。

要改善我們對單一事物依賴的個性，當然首先得從改變習慣做起。試著離開自己的舒適圈，拋開對「安全感」的依賴，你將發現，其實多一事、少一事，對你而言也不見得是那麼重要了。

我們必須體認，只有自己不設限，接受生活中無限的可能性，才有助於打開另一道門，讓你的生活變得更加豐富多彩。僵化的生活模式無法帶來改變，甚至成為牽絆你的力量，當你自認是隻烏龜，你就會成為烏龜，當你認為自己能成為「老鷹」一樣的人物，有天就能振翅高飛。

如果你感受到自己像是被綑綁，無法實現自己的理想與心願，那是內在的力量在提醒你——該改變了！不要害怕失敗、也別畏懼挑戰，那是你之所以前進的力量，趁這股衝動還沒消失之前，準備好讓自己起飛，讓自己的生活擁有更多的可能性。

9. 給自己喘口氣的時間，再重新出發

現今社會充滿競爭、我們在壓力下成長，也在壓力下失去了自我。雖然那些崇尚自然、追尋自我的口號不斷被人傳頌，但多數人仍舊得面對巨大的生活壓力，成為那個微小的螺絲釘。

而且隨著產界結構快速輪動，工作效率也成了決勝關鍵，現代人工作的負荷量已超出以往許多，每天就像是高速旋轉的陀螺，難得有機會透口氣。

好勝心使我們將自己擠進高壓的環境裡，隨著時代巨輪的滾動，稍有不慎就可能被拋出行業的軌道之外。但人不是機器，如何在高壓環境下保持一定的水準，持續追求自己的目標？適時的停下來補充一點能量，是一種必

需。

我們都知道在職場上必須保持冷靜，但難免遇到一些自己無法掌控的突發狀況，情緒就容易失控。一旦情緒超越了理智線，難保不會產生後續一連串的不良後果；此時，如何調整自己就成了最重要的功課。

暫時抽離，喘口氣！

面對老闆過度的要求、同事間的摩擦，乃至茶水間的閒言閒語，只要身在職場都很難避免，無論你在本職內做得多好，卻無法控制那些外在因素的干擾。這時情緒若沒有適當的抒發管道，很容易在尚未做出實績前，就被這些雜務給擊潰。

即便是個人創業的單打獨鬥，也無法避免這些干擾。上班有上班的壓力，創業也有創業的煩惱，只要是工作，無論打工或創業都脫離不了情緒上的壓力。

不如先讓自己透透氣吧！

為了維持耐力堅持下去，有時我們需要一個空間，能夠讓自己喘口氣的空間，這樣才能適度的調整自己，讓自己可以保持最佳狀態，重新出發。

千萬不要為了堅持而堅持，也不要為了所謂的連續堅持的天數來過度推動自己往前走。有時候壓力是動力，但當你的身體和精神狀態承受不住這種壓力的時候，壓力就只能是災難。

即使是彈簧都會彈性疲乏，更遑論是人了。無論面對工作或是人生某個階段，我們都需要有人能給自己打打氣，當周遭沒有這樣的人出現，我們自己也可以扮演這樣的角色。親愛的你，累了，就休息一下吧！並不是因為有路才有了你，而是因為有你才有了路。

10.只挑簡單的做，你的人生當然只能那樣

拜科技發達之賜，現代人可以生活得更便利，也更容易取得各項資源、訊息，像是不出門也可以一指請人送餐、送貨，甚至連打掃清潔都不用自己動手，有掃地機器人與洗碗機代工等，這種凡事可以請「人」代勞的生活，同時也養成了我們懶惰的習慣，習慣以最方便迅速的方式達到目的，反而使我們忽略了許多重要關鍵。

喪失耐性

當我看到身邊的朋友可以為了電腦開機速度太慢而抱怨起來，甚至對手

機的網速也很計較，光憑那幾秒鐘之差來決定要不要拋棄一項產品。我不禁開始思想，在要求網速、爭取短暫的幾秒時間時，我們卻花了更多時間在瀏覽上。當我們極度要求迅速快捷，是否曾計算過省下的那點時間，我們到底又做了什麼更有意義的事情？

自從生活越來越便捷，我們對於許多事情都開始要求「方便、簡單」，不想費太多心思在處理繁雜的事物，包括人與人之間的相處也是——希望盡可能的簡化、方便。

與朋友相約碰面，會想選擇離自己最近的地點，選自己喜歡的地方、喜歡的食物，一切以自己的好惡為主，希望別人配合自己。有些人甚至連旅行，都希望別人幫忙安排好一切，自己只要搭個順風車就行了。

什麼樣的人會這樣配合你？通常是對你「有所求」的人，也許是業務員、想巴結你的人、或是那些酒肉朋友。當我們總是考慮自己、不在乎對方時，那表示你能選擇的往來對象也有所限制。

逐漸的，我們也會忘了「承諾」是怎麼回事。因為要做出承諾，往往意味著自己必須犧牲掉某些事情，需要更費勁去完成某些「承諾」。相較之下，跟身邊的人吃喝玩樂日子似乎比較愜意，而不願將心思花在那些真正值得結交的朋友身上。甚至包括感情，寧可選擇一個願意為你付出，而非自己真正喜愛的對象。這樣的代價就是：你成了一個被選擇的人，而非主動出擊去追求自己所愛。最後的結果會是什麼？你認為那會是你要的幸福嗎？

這樣的「懶」反應在工作上，就是能「撿」簡單的做就盡量取巧，複雜困難的「讓」給別人去執行就好了，自己只要躲在有能力的人背後，包準一切順利過關。沒有上進心，只追求安穩就行了。

當你開始用這種「Easy Come」、「Easy Go」的觀念去面對自己的事業時，你認為接下來會發生什麼樣的事呢？

一個公司絕不會把主管的位置交給沒有擔當的人，老是挑容易事情做讓你失去獨力完成工作的能力，更缺乏全面統籌的本事，最後成了最容易被取代的人物，逐漸被這市場所淘汰。

人各有志，功成名就可能不是你的選項，不過，過分沉溺於「安逸」，會讓我們缺乏危機意識，抵不過一個大浪打來；當你的人際關係包括：感情、婚姻都採「佛系」的態度，即使不順心也得「逆來順受」，你認為這樣能真正得到幸福嗎？

喜歡撿容易做的，也讓你成了被選擇的對象，無法掌握選擇權，最後只能隨波逐流，凡事無法如你所願。規則是人定的，當你將選擇權交了出去，你同時也就失去了建構自己人生的主導權，成了被牽著鼻子走的傀儡了。

11. 記得為自己留條後路

有人說：「人生就像在走鋼索，稍一不慎便可能墜入萬丈深淵。」這句話是在提醒我們：做任何事都該懂得謹慎，特別是面對那些重大的抉擇，一旦沒拿捏好狀況，將會讓自己一蹶不振，短時間之內很難恢復原本的生活。

但換個角度來說，這種提醒也是在告誡我們，永遠不要讓自己只剩下一條路、一種選擇，必須多方考慮，為自己先準備好安全的降落傘再去冒險，才能將失敗的傷害減至最低。

像是近年新聞報導一些藝人投注了大半身家在創業上，沒想到會碰到這波疫情，除了讓很多人血本無歸外，還負上無能償還的債務問題。其實這跟個人的品德和才能無關，而是事關財務風險的掌控能力，這樣的變化牽連的是往後一大段的人生將失去自由，把自己原本的美好人生跟尊嚴賠葬在可怕的財務漏洞裡，讓人不得不引以為戒。

很多時候「意外」說來就來，往往是無可預料，而我們唯一能控制的，就是提升對風險的承受度，為可能發生的危險先做好準備。這就像商人經商，不可能永遠都在賺錢，經常也會面臨到財務的周轉，但為什麼有些人能撐過來，有些人卻半途失敗，成了商場上的逃兵，這都跟風險的控管息息相關。

我曾聽聞某位成功的商界人士分享，小時候母親帶給他的影響很深，當時他家裡自營生意，母親總是在煮飯掏米時，多留下一點米存在另一個罐子裡。某次因為家裡的資金出了問題，到處籌不到錢，但至少有那些預留的米讓孩子們不致挨餓。這就是一種預留後路的觀念。

巴菲特經常說：「作為一般投資者，在進行投資之前，要弄清楚自己的風險承受能力，以便理智操作。」在面對風險時，記得要提醒自己，並不是每個人都有堅強的後盾，家裡有金山銀山好靠。別看他人一帆風順，再大的風雨也擊不倒，就以為自己也同樣能行。

如果這麼說，是不是我們都不要冒風險、只要安分守己就好？如果抱持這樣的念頭，其實人生也不會有多大轉變，就只是維持現狀過日子而已。相信很多人期望的不只如此，都希望自己能夠成功，往自己理想的道路上前進。但是千萬謹記！想成功都必須冒點風險，而你必須做到的就是對自己要有規劃，出路不能只有一個選擇。

讓自己處於「進可攻、退可守」的位置，即便失敗了，還有半邊江山可以支撐「起死回生」的機會，這才是成功的哲學。

不要什麼都要跟人比較，先看看自己本身的條件，視你手上有多少「兵器」打多大的仗，才能避開那些等在你身邊的豺狼虎豹在你踏往成功的半途中將你鯨吞蠶食。

冒風險與選擇平淡生活，是人生的兩種姿態。冒險需要底氣，歲月靜好需要勇氣。先懂得保護自己，再勇敢地向外跨出一步，這麼做你的心裡會多些篤定，成功的機率會更高一些。

12. 保持最佳狀態

我們都曾聽聞，有些人滿手好牌，卻把局打爛了！這是最令人扼腕的狀況，不僅是自己懊惱也讓旁人叫屈。真要追根究柢，問題還是出在自己身上。能否扭轉劣勢其實都有跡可循，只需回頭檢視就能明顯得知。明明有很多的例子可以參考，明明有許多策略可以運用，卻卡在個人自身僵化的觀念，以至於將勝利的「寶座」拱手讓人，這當然非常可惜。

你先前的所有努力都因此而付之一炬，就因為其中一個環節的疏漏，未能及時彌補，以至於一錯再錯，演變到無法挽回的局面。這樣的例子，我們常能在政治人物身上看見，尤其是到選舉的關鍵時刻。

先不談政治，其實在尋常生活中我們也能發現這樣的例子。

我最近因為一項買賣合約，再度深刻的體認到這一點：當你做一筆買賣時，到底誰站在有利的位置，就決定了最後的成敗。尤其像我並非業務出身，不懂得爾虞我詐，就得小心不要落入對手的陷阱，被人牽著鼻子走。

你所站的位置多半決定於你所擁有資源的搶不搶手，有時是來自物品本身夯不夯，但另一種價值則來自於「價格」。

價值往往取決於個人的喜惡跟需求，一顆璀璨的寶石放在富比士拍賣會上，可能價值連城，但若是被一個流浪漢撿到，可能換得幾餐溫飽就覺得很有價值了！石頭終究是石頭，卻因為它的稀有與包裝，而被賦予不同的價值。同樣的，我們人也是，你如何定義自己，就決定了你在別人眼中的「位置」，這有助於你在談判過程中取得有利的位置。

在古代「謙虛」是一種美德，但比照現今，謙虛就得看對象，要小心謙虛不是軟弱，不能造成誤解，讓別人以為你很好欺負。在謙虛的同時依然謹守最初的防線，這一點是必然且重要的。

堅守原則

這裡指的並非要你固執、冥頑不靈，而是要為自己設下一個底線，一旦旁人冒犯到這條底線，你也就不用跟他客氣。因為你會發現，許多人是「得寸進尺」，如果你沒能堅守原則，可能就很容易淪為被吃定的對象。

舉例來說，你可以請客，但不能專當冤大頭、濫好人，如果這次你真的很開心要付帳，不如也順道宣告：「下次就輪你請囉！」這樣不但不會得罪人，也順便可以看清朋友的「真面目」。

當朋友向你借錢時，借出的金額最好謹守在你「可以忍受失去」的範圍內，才不致傷到你平常的生活水平以及傷方的友誼。

假使朋友知道你剛好有一筆正要交付的資金（貸款或房租），希望你先挪給他用時，這時無論再好的朋友都不要答應。因為有可能因為這筆你也待用的資金而造成兩敗俱傷。你倆的友誼，不會因為朋友依約如期將這筆錢還給了你，而變得更親密。反倒讓自己在等待朋友還款的期間，心情浮躁、承擔擔心受怕的心理。升米恩，斗米仇，說的是人性。你可能對他做了十件的好事，卻會因為一次的拒絕，而毀了這段友誼。

因此，適度的自私是為了保護自己，畢竟每個人都該為自己的人生負責，不是嗎？你可以在有限度的範圍內伸手拉人一把，卻無須連帶的把自己陪葬。

創造自己被利用的價值

你以為這樣做會招致麻煩？其實無形中卻是抬高了自我的身價。畢竟這個社會是現實的，只有不斷把自己養成一條「肥魚」，你在別人眼中才有足夠的份量，講話才會被重視。這不是要你成為像「暴發戶」、「土財主」一樣粗俗，而是讓自己擁有更有利的條件，在進行買賣或交易時，才容易照著你想要的方向走。

總之，這世界是一種公平的競爭，誰站在有利的地位，誰就握有主導權，如果想達到理想的目標，不如先懂得如何站在優勢那一端吧！

13. 用智慧管理自己的時間

在網路盛行的年代，連阿公阿嬤都開始用LINE通訊了，你不得不對科技的進步甘拜下風。然而在這個網通年代，我們是否也曾自問：「我們得到了什麼、又失去了些什麼？」

拜網路之賜，我們可以輕易和遠在好幾里外的朋友聯繫，你不會因為家裡換了電話而跟朋友失聯，有了視訊感覺親友就近在眼前，但這中間似乎缺少了些什麼，你發現了嗎？

在過去透過信件往來的年代裡，我們要收到對方的信件往往得經過好一段時間，拜網路之賜，一切都變得更加簡單跟迅速，從email到現在的通訊軟體，讓訊息傳達更加迅速，而和親友之間的關係是否因而更加緊密？也許只有自己知道。

包括那些不斷吸引我們眼球跟時間的影片，你從中真正獲得了多少？會不會你只是不斷將時間浪費在未來無法勾起你任何回憶片段的短暫愉悅裡？

當我們消耗了大量的時間在網路影片和訊息時，同時也失去了一些值得永久保存的東西，像是：閱讀。這點不是因為我自身的作家身分才在那自擂，而是我本身也是一名讀者，如果你不是酷愛閱讀，又怎能寫出一篇值得閱讀的文章？又何以能在文字中順暢表達自己想說的內容？

最近我驚訝的發現，也有一些網路創作者開始推崇閱讀的重要性，如果能在短短的影片中，喚回自己本來的興趣，或許也是製作影片者的一種「功德」吧！

越來越多的資訊、娛樂內容在網路世界裡流通，我並不認為人們應該拒絕科技，活得像「山頂洞人」一樣，而是希望大家該懂得如何自制，知道自己要的是什麼。上網消遣應是種純粹的抒發，而不該占用你做其他更重要事情的寶貴時間。

把掌控權交回自己手上

這是我們流連在網路上必須提醒自己的一點，你必須清楚自己要的是什麼，不要的是什麼，正因為網路上的內容五花八門，太容易令人沉迷，最好在一開始就設定自己所要搜尋、想看的目標，並嚴格把關上網時間（也許可先利用手機設定鬧鐘）。

把自己優先該做的事先放在前面，戒掉隨時滑手機的壞習慣，除非你真是因工作需要。減少那些不必要的網路提醒，很少有你必須立刻觀看的東西，多你一個、少你一個流量並不會改變什麼，至少在生活中總有比這更重要的事要做吧？譬如打掃、完成一些計畫、和朋友相聚等。當你減少花在網路上的時間，你才能靜心安排生活裡真正該執行的事項。

無論我們從事什麼工作，都要懂得箇中輕重，安排先後次序，如果是屬於娛樂就該盡量安排在正事後面，就算最後沒時間進行，也不會影響到正常生活。總之，要了解到真能豐富你生命的，絕對是現實中的行動，而不是躺在沙發上的娛樂。

現在的你，就是剛剛好的自己

重要但不緊急的事，或是沒有時效性的瑣事，可以利用工作空檔完成；至於不重要、不緊急的事，可以選擇放棄。

CHAPTER 02

拖延是致命傷

1.負負得正，為自己重新開機

當我們聽多了關於「正面思考」的理論，會發現那似乎只有「某些人」做得到，而大部分的人不是學了一半，就是成了「假正面」，骨子裡依然是我行我素，還常常不小心露了餡，披露了真實的面貌。

雖然我們知道哪些是正確的道路，但某些時候真的追求得很辛苦，甚至偶而還得強迫自己去做些違背心意的舉動，只為了符合別人「眼中的標準」。當你的所做所為違反本意，這不就跟被操縱的玩偶一樣嗎？說不痛苦是騙人的！

所以別為難自己了！真我是什麼樣子就表現出什麼樣子出來，該嘶吼時就找一個不妨礙別人的地方嘶吼，想吹口哨就輕鬆的放歌，偶而使些小壞並不妨礙方向跟原則。只有做自己能讓人感到舒坦，你需要的只是微微的調整，而不是偽裝。

戴上假面具遲早有露出馬腳的一天，到時不僅達不到你要的效果，更可能遭致數倍的反撲。

當然，能盡量往正面思考是好事，但無奈所身處的環境可能充斥著太多的邪惡，讓你不得不生氣、不得不想大聲怒吼。當公平正義只微弱得像風中殘燭，要人心平氣和談何容易？但那些情緒需要出口，端看你如何釋放出身體的負能量，讓自己達到一個平衡點。然後再重新開始。

然而「負能量」真的就是壞的嗎？那些負面念頭就完全一點幫助都沒有？其實很多時候我們其實錯估了「負能量」的價值。

如果我們能從那些負面事件檢討、甚至發想，往往由負導正更能產生一股向上的激勵。

譬如當你埋怨：「為什麼這些衰事偏偏被我遇上……」

如果能換個念頭，去反問：「為什麼別人不會遇到這種事情？」

「為什麼別人一出生就含著銀湯匙，而我的命卻得省錢吃泡麵……」但如果能換個想法，看那些有錢人真無聊，除了花錢之外，卻無法如平常人一樣體會生活中的甘酸苦甜。

當你羨慕別人出名出風頭時，何不回頭看看自己不需要千方百計維護隱私，連你家養的阿貓阿狗名字都被大眾知道。想想這樣的自由不是很快活？

當你抱怨：「什麼都不會的那個人還能當我老闆，不就是錢多嗎？」不如想想：當一個老闆得養一圈人，還得操心公司的營運，而你只要固定時間到了等領薪水就好。比較起來不是輕鬆得多？老闆有老闆的煩惱，而職員也有職員的小確幸，不是嗎？這就是一種從負轉正的觀念。

古今中外許多知名的幽默大師跟喜劇演員，幾乎都是歷經過悲慘的人生，正因經歷痛苦讓他們更嚮往歡樂，更能體會「歡笑」的珍貴，希望能感染到更多的人，這就是一種從苦難中激發出來的正面能量。

許多歡笑背後是多少淚水換來的，學習在不幸中體會到生活的珍貴之處，這才是真正的正面思維，而不是虛偽的「假正面」。當你能體會到，不該持續被痛苦折磨，便能改變你的處境，進而激勵你成為一個更好的人。

2.分散你的注意力

面對自己的情緒低落，能否找出更適合自己的方法，向中間靠攏，讓自己不致充滿負面能量，能從低潮之中解放出來？

很多時候，一些小事只因我們的鑽牛角尖，透過想像在腦海中將問題膨脹、放大，最終淹沒了我們的理智，感覺像快被龐然大物壓垮。事實上呢？

或許換個方位、換個思考，你會發現其實事情並沒什麼大不了，甚至對你的人生來講只是個「過程」，並沒有決定性的影響。真正導致我們不快樂、整日憂愁的原因到底是什麼？綜觀來說，也不過是「想不開」罷了。

曾經，我也面臨過重大的財務問題，也就是「破產」——當時以為自己無路可走，也興起一些絕望的解脫念頭。

但總算是撐過來了。接著在財務才剛開始有起色，辛苦還著貸款時，本為能安然度過，卻緊接著面臨親人的離世，頓失當時心靈最大的「靠山」，也讓我第二次興起了「絕望」的念頭。這一連串的事件讓我感到生活的灰暗和殘酷，整個人對很多事都提不起勁。還好，我仍願意堅持看書和學習，之後一切似乎又慢慢得到解決。

當自己一路走過來，回頭望去，才會發現真的是「天無絕人之路」。事到臨頭，你總是可以找到方法，上天總會安排一條出路讓你走出來，只要我們願意抱持著堅定的信心，認為自己做得到，那就沒有任何可以難得倒你的事。

如果你的問題沒有嚴重到生活快過不下去、最親的人辭世，那麼其他那些問題不更是枝微末節的小事而已嗎？

不管是感情或生活上的小挫折，都是不難跨越過去的，之所以當下讓你覺得如此嚴重，很多時候，在於你把太多心思花在那件事情上頭。這時你最需要的是喘口氣、給自己一點空間跟時間，找些別的事物來幫你分神，轉移你的注意力。尤其當我們處在一種高度的情緒張力之下時，這個方式是有必要的。

等你忙過一段時間再回頭來看，往往會對當時自己的過度認真一笑置之。而且在你將注意力轉移到他處後，或許還能為你帶來更多的靈感，而對困擾你的問題有所幫助。

要叫人「轉念」說起來很簡單，但做起來卻不容易，因為要從一個「執念」中抽離必須要有很堅定的決心，否則一下子又容易掉回原來的漩渦中。最實際的方法就是先從撥出片刻，半小時、一小時，再撥出「一段時間」，直到你可以真正專注在別的事情上，你會從中得到一種安撫或是成就感。

分散注意力的其中一個方式是：試著轉念，將心緒轉向能令你開心，可以激勵你的方向去關注，像是音樂、藝術、運動或任何你的嗜好上，有助於重新再找回你的能量，讓自己擁有更清明的思考。

這並不是逃避，而是暫時性的轉移注意力，等過了一段時間再重新去面對問題，讓自己從原本高度焦躁的情緒中冷靜下來，而能以更理智跟客觀的角度去分析解決你的問題。

3. 面對功利主義

這是一個功利主義的社會，你不得不承認，舉凡是感情、工作、生活各方面，其實或多或少都夾雜著利益成分。

譬如，當同一時間你收到跟老朋友見面與同客戶聚餐的邀約時，在時間兩相抵觸的情況下，很多人選擇的會是後者，因為你會覺得「朋友永遠都在」，客戶萬一跑掉了那可能就是一筆嚴重的損失了。你可以說這是現實，也是為了生存不得不然的結果，但你覺得朋友真的永遠會在那裡「無怨無悔」的等你嗎？

當我們在衡量一個關係的輕重時，別忘了，別人同時也在衡量你。有些人重感情、有些人重義氣，但更多的人重視的是金錢名利，為了工作事業，我們會強迫自己去跟不喜歡的人相處，但你有沒有想過當別人跟你往來的背後，是否也同樣帶著些「利益」成分？

不要被過度的自我感覺良好所欺騙，以為你認為毫無利益糾葛的朋友也完全是因為衝著喜歡你而來，很多人交朋友也是著重在表象的「利益」成分。很簡單的，你會發現那些窮人真的朋友不是太多，而富有的人總是「宣稱」自己朋友很多，這點到是無庸置疑的。

由此可以看出一個簡單的道理：多數人仍然會傾向親近那些具有財富名利等實質利益的人。

試想看看，當你風光的時候有多少人想靠近？你受到人群的簇擁，而當你失意時，卻記不得自己能打電話給誰？這就是不得不面對的現實。

說了這麼多，其實「功利主義」也不是全然不好。當我們開始怨天尤人、覺得朋友都很現實的時候，是不是也提供了一種「警訊」——你的狀況開始走下坡了嗎？這時你該做的，不是去抱怨那些現實的人們，而是回過頭來檢視自己，及早讓自己脫離那種低潮期。

有時負面的狀態反而是一種正向的激勵，如果我們能在往下坡滑行的中途，及早警惕、馬上扭轉現今的狀態，避免自己不斷沉淪，從人情冷暖間發掘，這不也是一種適時的提醒？

先別提「孤獨是多麼浪漫的一件事」這種不切實際的想像了，我們都希望別人拿最好的一面對待我們，也希望受到人群的簇擁、看重，而唯一的手段，無非就是讓自己力爭上游，成為某個重要的角色。

當你發現人們對你的態度改變了，當朋友紛紛將你擺在第一位時，此時的你離成功也相去不遠了。

記住！當我們以利益衡量他人時，自己同時也是那個被衡量的對象。

4.不要活在別人的言語中，人生是自己的

以前，我有一家常去光顧的咖啡廳，那裡的咖啡價位不貴、品質也還可以，重點是不限時，很適合我工作上的需求。

因為常去，不免就跟健談的老闆多聊了些，初時談生活日常，但聊得面向變得更廣後，馬上就發現我與老闆在觀念有所差異。某次聽到老闆提起我所認識的文化界前輩，一開口就是批評，對方以非常負面的觀點去評價前輩，當下引起我極度的反感。從老闆的批評中，獲知他與那位文化界前輩有過短暫的接觸，但那是非常浮面的往來，甚至可能連跟對方面對面坐下來談話的機會都沒有，又憑什麼能以片面的觀點去評價對方？

據我曾經跟那位前輩接觸過的印象，他是個彬彬有禮，十分平易近人的人物，絕非是老闆口中高高在上、會無故漠視他人的人。

所以，當人與人接觸頻繁卻關係更加疏離的現今社會，特別是網路發達後，你會看到各種消息滿天飛，再好的人也容易遭致批評，如何去看待那些評論？自己心中那把尺很重要。

如果你實際上並不認識對方，大可不必隨他人的批評起舞，也許哪一天有機會親自接觸到對方，可能會覺得對方實際上跟你聽來的大不相同。那如果是公眾人物呢？那你更不需要太認真，哪個公眾人物不多少戴著一付面具示人？表面上和私底下很可能根本兩回事，那又與你何干？

一個人不會因別人說了什麼而改變本質，除非你真的照著去做；真正優秀的人，更不會因為惡毒的攻擊而折損他的成就。因此，當我們在意別人如何看待自己的眼光時，不如也同樣反思：那些到底是什麼樣的人？

當然這並不是要你當個「眼高於頂」的人，而是懂得去衡量那些批評者的話語不值一顧。要知道這社會中的險惡，在於那些本來就不如人的傢伙，想藉由攻擊比他更有成就的人來滿足自己的優越感。

說穿了，這就是一種自卑的心態，見不得別人好，更不願承認自己不如人的事實。於是以為胡亂批評一通就能提升自己的身價，事實上更凸顯了自身的愚蠢與無知。如果你去跟這些人計較，豈不是跟自己過不去嗎？

因此當你看到那些攻擊性的批評，先別感到挫折，你可以稍加反省，如果事實不是對方所說的那樣，大可不必拘泥於其中，就當那些評論像泡沫一樣消失在你耳邊，如果在意，你就輸了。

當然，如果這是賢達人士對你的批評指教，言詞層次勢必不同，免於尖銳苛刻又能一針見血，讓我們知道自己錯在哪裡。對於這類批評我們應心存感謝，透過賢人的指教讓我們看到自己的不足及需要改進之處，如此該高興都來不及了，又何來憂愁？

第一時間看到惡毒的批評難免讓人感到受傷，不如先放下情緒仔細思考一番，再回頭去看那些評論，冷靜下來就能判斷清楚，自己要的究竟是什麼。千萬別中了有心人的計，讓他們把你拉進他們失敗的人生污泥當中。

5. 拖延將摧毀你的人生

其實自己原本是講求效率的人，但不知從什麼時候開始，卻慢慢的發現自己連一件很小的事情，都可以拖上好幾天還沒去做。最後，甚至連重要的正事也開始墮入了這種循環，一天拖過一天。

驚覺，自己什麼時候變成這樣了？

原來一種壞習慣的養成是潛移默化的，從很小的事情衍生到大事，最後變成一種慣性，自己卻不知不覺。

當這種現象產生的同時，我也發現了自己注意力不集中的毛病，明明該去做某件事情，卻常常分心在一些無關緊要的小事上。像是在事情做到一半跑去滑手機，滑一滑又看到某個有趣的視頻、特別的新聞。於是等再把注意力拉回來，往往已經是一兩個小時之後。

才把筆電擺好準備寫些東西，拿個杯子到廚房弄杯咖啡，卻又發現廚房太髒、地板要擦、床鋪也該整理清洗一下，植物該澆水了，東摸西摸，又是大半天過去，等再把精神拉回來，恐怕沒隔多久就到了睡覺時間。

你是否也跟我有類似的狀況，一次又一次被這樣的循環打敗？你也曾試圖克制，但往往徒勞無功，反過頭來被習性所控制，無形中浪費了許多寶貴的時間。這並不是因為我們太過軟弱，而肇因於自己一手造成的慣性。

想一想，你有多少次試圖放下手機忍住不去看？你有多久沒有專心至少一個小時在同一件事物上？過多的科技產品讓人失去了專注力，太多誘人的資訊讓我們無法專注在自己的事情上。說真的，像是那些藝人的離婚消息又關我們什麼事？但很多人就喜歡去關注，在網路上說東說西，事實上又不是你在結婚、離婚，別人的感情好壞有對你生活產生影響嗎？顯然是沒有嘛！但，為什麼我們要在上頭消耗大量光陰呢？

時間對每個人都一樣公平，當我們把時間花在哪，也決定了未來能成功的機率，無所謂的得過且過，最後將是埋下生活失敗因子的最大殺手。

前陣子看到一些關於心理學的資訊，針對「人為什麼會拖延」做了些分析，聽起來都很有道理，而眾多的因素，似乎也可以同時在一個人身上交錯發生。經過了一番整理，歸咎出「正常人」會拖延的心理因素，其中不外乎：一是過度謹慎擔憂，二是習慣養成。

先來分析這種最矛盾的心理狀況。一般來說，對於我們真心在乎的事，應該會把事情擺在第一順位，想盡快去完成，為什麼會變成一再被其他瑣事排擠，導致重要的事情不斷延後，甚至給遺忘了呢？這有可能源自於我們的一種恐懼心態——

正因為太過在乎而擔心把事情搞砸，因此我們傾向於先把那些不重要的事情先完成，並從那些小小的成就感上得到滿足。於是反倒把精神都放在處理那些瑣碎的事情上，而真正重要的卻被我們一再延後，有一種「明天再說吧！」的心態，而讓事情變成了永遠的「待辦事項」。

至於「習慣的養成」之前提過很多次了，習慣往往是潛移默化下的結果，也許我們內心並不贊同這樣的行為，但卻因為疏忽而慢慢成為一種行動上的反射。抱持著「晚點再去做也不會怎樣」的心態，以為自己時間還很多，反正事情並不急，於是就這樣慢慢養成了「壞習慣」，習慣一個問題一拖再拖，最後事情堆積如山，反倒成了個「大麻煩」！

6.今日是明天的回憶

其實，人生的每個階段我們都在為將來製造回憶，也不斷的回憶著過往。時間像是一條直線，我們夾在未來跟過去的中間。當我們回憶起過去美好的點點滴滴時，想到未來同樣也希望延續這樣的美好片段，而那些痛楚的記憶，則期待不要再度發生。無論是誰都跳脫不了，那些充滿著酸甜苦辣的過往。

回憶可以說是一種反省跟展望的過程，如何讓自己的生命在未來過得更精采，每個「當下」就顯得相當重要。過去能帶給我們許多經驗跟省思，所謂「不經一事，不長一智」，當你感受到某段記憶給你帶來痛苦的同時，可曾思考從中能學習到什麼？你只是邊回顧邊怨嘆還是慶幸那段痛苦的經歷帶給你成長，讓你的未來不再重蹈覆轍？

任誰都會跌跤、也都有可能失敗，無需對自己太過苛責，那全然是因為我們從未經歷過那樣的考驗，以至於做出錯誤的決定，重點是事情發生後你怎麼面對，這才是重點。

這就像是遇到詐騙集團，生命的過程中我們也常常會遇到類似的「詐騙」，那些惡魔戴著天使的面具，不斷地誘惑著我們。心理素質較脆弱的人，就有可能被操控，有些人或許比較幸運，有著其他的外援，而讓他們避開了沉淪；無論是哪的狀況，其實都值得我們從中學習，為自己帶來領悟，更了解自身的條件跟背景，也讓我們對未來更加謹慎小心。

舉一個簡單的例子，當我們無論是面對事業或感情，若陷入於欣羨他人，想像同他人一樣任性妄為、不顧一切的選擇自己所愛的同時，其實已經落入一種情緒大於理智的考量。

你會覺得我這說的是老生常談，那些父母曾告誡過我們的，無論你如何反叛，但事實終歸是事實。當你理想化的想靠興趣維生，就得先評估自身的天分，衡量自己有多少奧援？若只想憑藉著小小的努力輕鬆度日，一旦事情的發展不如預期，你能靠啃白吐司活上多久？

厭倦了上班受制於人的日子想創業？其實沒什麼不好，但最後還是得處處看人臉色，如論是接案或做服務業的小生意，難道就不用看人「臉色」？如果要開公司更是需要考慮到自己背後有多少經濟支援，你有多少「本錢」代表著你能撐多久，至少在不幸遇到低潮時還能堅持得比別人久，最後的勝利才會屬於你。如果缺乏以上條件，那真的還是安穩做個領人薪水的員工來得妥當，不是嗎？

先前才聽一位朋友訴苦，因為她來自一個不健全的家庭，渴望著能盡快建立起屬於自己的幸福家庭，然而這個小小的願望卻總是落空，她老是遇到渣男，一次又一次，讓自己開始懷疑人生。

經仔細詢問下，這位朋友樣貌不差、學歷也中等之上，照理來說找個願意照顧她的人並不難，偏偏她卻是個「外貌協會會員」，非高富帥不嫁，這一點就頭疼了！當你要求的標準夠高，也代表著競爭者眾，而在自己並非十全十美的背景之下，永遠會在某個重要的關鍵時刻輸人一籌，而她屈居劣勢的地方偏偏卻是她最在意的首要條件。這就是願望跟現實的差距，有時我們只覺得自己的不過是「小小的心願」，但實際上做起來卻不是那麼的簡單。

於是一而再、再而三，若無法從以前的經驗中得到教訓，恐怕我們的美夢永遠無法成真，而空留遺憾。

許許多多的過去跟回憶形成了現在的我們，如果我們希望將來怎麼回憶現在，就必須做出改變，使自己變得更好。從過去的教訓中學習成長，才能期盼將來有所改善，這樣在回顧過去的自己時才能了無遺憾！

7. 成功無法完全複製貼上，失敗卻可以避免

弔詭的是，那些所謂的兩性專家，自己的感情卻不見得完美無瑕。所謂的生活大師只是告訴你他所認為的「幸福」，然而每個人身處其中，卻未必有同感。你所求教的算命大師，在現實生活中，自己的命運恐怕也不怎麼精彩。那麼，你到底該相信誰？

那些總是論述富人思維的人，永遠不會告訴你，富人背後隱藏了多少「籌碼」，有多麼硬的靠山，或是本身就是有富爸富媽；又是嚥下了多少教訓與悶虧，才讓他們到達今日的地位。或許成功者或富人身上確實有可取之處，那是值得你學習的，但是別妄想當自己比照辦理，就會變得跟他們一

樣。

這當然不是要全盤否定那些成功者告訴我們的話，而是即使你達到同樣的標準，也未必能擁有跟對方相同的成就。當你越歷經世事就會發現，成功包含了很多因素，當中不外乎是：天時、地利、人合等，然而這些都是不可掌握的。

同樣的，在對的時機遇到對的人，所謂幸福的婚姻不也是如此？早在你年輕得不想受婚姻綑綁時，卻遇到那個對的人，但你還有很多夢想待實現，等你真正想定下來時，遇到的對象卻是狗屁倒灶，所謂人生的際遇不過就是如此。或許在工作或事業上，排除了情感的牽制，我們更容易掌控，但也必須是自己琢磨出一套屬於自己的辦法，這不是全盤照著別人的話做就能夠辦到的。

人生有起起落落，我們無法估計哪天生活會遇到巨大的變動，只能學著不讓自己落入最壞的田地就已經阿彌陀佛了。學會從谷底爬起來，重拾屬於你的人生，其實這也算是一種成功。

我們無須去跟人做比較，因為日子是你在過而不是別人，所謂「如人飲水冷暖皆知」，很多生活的智慧是你經歷過了才知道，那些挫折跟考驗是讓你更成長，而不是讓人學會墮落的。成功者正從自己的經驗中找出一番屬於自己的哲學，他們所奉行不諱的圭臬，可不是成功的「唯一」法門。成功需要多方面條件配合，並非他們口中所說的那麼簡單。

當然一個人行動的積極與否對未來有相當程度的影響，但想成事也要善於規劃、遇到好的合作對象。生命總隨時在教導著我們，只要你願意用心體會，用大腦思考的話，這就是屬於你生活的哲學，不管能否成為萬眾矚目的焦點，但能比過去的自己更進步，也是一種「成功」。

8. 平等的陷阱

「平等」的概念大概是東西方文化所存在的最大差異之一。不管社會如何現代化、如何進步，但這種傳統階級始終很難打破，雖然表面上大家都喊著平等的口號，但骨子裡擺明的事實，卻是你無論如何擋都擋不掉的。

這種不平等除了存在於男女之間的差異外，還包括了貧富、年齡、出生的家庭背景、職位等，或許你並不贊成我這種說法，但若有天當你成為弱勢族群時，就能深刻感受到各種「不平等」的存在。

這可能跟文化的歷史淵源有關，古代的帝制、貴族等門第觀念，至今依然深刻烙印在子子孫孫的骨子裡。

先撇開大環境不談，光是很多時候人與人之間就存在很多的「不平等」，除去先天家庭背景條件，其實你會發現到，從我們求學乃至踏入社會的過程中，一樣存在著許多大大小小的不平等，有時是觀念造成，有些則是教育所影響。

簡單來說，一個大學教授跟街頭小販說話的用詞差異就很大，一個擁有良好品德的人跟卑鄙小人放在一起，只要觀察行為談吐，立刻就能分辨出來；高階主管有高階主管的樣子，如果他們的舉止與基層員工相同，必定也會受到人們奚落。所以同一類型的人很容易跟同類人群聚，甚至形成堅強的「堡壘」，其他人很難打得進去那個圈子。

或許有些人天生叛逆，不認同某些人就該高高在上，不贊同將非我族類的人排斥在外，試圖想打破僵化的觀念，跟與你完全不同層次的人接觸時——我所謂的「接觸」並不是表面上的客套，而是真的把對方當成平起平坐的朋友，這時你有可能意外發現，常常「不平等」不是根深蒂固的文化造成，而是個人本身的問題。

也許在一開始，能與自己不同層次的人接觸所帶來的刺激，能讓你沉浸在發現新世界的喜悅中。然而，漸漸地你會發現，那些熱心接近你的人，其實另懷鬼胎。你讓仰望你的人有接近你的機會，那些人就會想同化你，把你拖下水，讓你變得跟他們一樣「〇〇」——在此我先不預設立場，〇〇該填入什麼形容詞，你以後就會知道。

等你跟這些人相處久了，你會發現原本你彬彬有禮、為人著想、善良體貼的好品德，開始成為他們挑剔的點，會讓你十分驚訝！不過後頭還會有更誇張的；當你開始信任對方，將心事跟這些人分享時，卻成了他們攻擊你的把柄，因為根本上的思維差異，你所認為的粗俗在他們看來反而是值得得意的呢！

如果你不立刻醒悟，還拿這些人繼續當朋友，衝突就會慢慢越變越大，除非你想變得跟他們一樣。

有些人沒什麼特別的優勢，唯一能做的就是，想把比他們程度更高的人踩在腳下，藉此證明他們比其他人厲害。而你吃了悶虧最大的原因，就在於把人都想得太善良，試圖用相互平等的態度待人，而給了小人機會，讓自己受到了莫大的傷害。

我無意教你刻意歧視他人，而是奉勸你該學著跟人保持適當的距離，尤其是那些跟你不同類的人們。因為一旦你太過親近對方，習慣了對方的存在，也會不知不覺把自己什麼事都攤在對方面前，而給居心不良者製造了機會來打擊你。這也是保護自己的一種方式，讓你避開人性的險惡，維持自己生活的平靜與幸福。

9. 真正的正能量

所謂「正向思考」變成近期的流行語，成了許多人奉行的圭臬，動不動就把這名詞掛在嘴邊，但實際上呢？人們嘴裡說的往往跟行徑大不相同。譬如不分青紅皂白去批判別人很「負面」，然後抱著比自己優秀的人的大腿，認為這才是「正面能量」。這真的很「正面」嗎？

一個真正能給別人帶來正能量的人，通常會是個積極的人，凡事懂得替人著想，對於跟自己不同思維的人，不會輕易去批評，而是抱持著觀望或包容的態度，這才是真正的「正向思維」。但不要認為充滿正能量的人就不會碰到鳥事，甚至以為他們沒有失望、生氣的時候；他們當然偶而也會有負面情緒，但他們懂得如何消化這些情緒低潮，不讓負能量占據他們的心思，進而影響生活的大格局。

換個角度來說，你所看到的偉大藝術家，無一不是由負轉正，將赴能量轉化為人們看到的美好作品。你可以說正邪是一體兩面，這世界不可能完美，唯有透過我們的智慧，將世上的醜陋與缺陷轉化為翩翩起舞的彩蝶，那就是一種「正能量」。

我們的正能量可以透過很多方式培養，譬如閱讀、培養嗜好、專注的焦點等，那些容易使你開心、振奮的事物，能讓你感受到世界無限美好，我們還能追求人生無限的可能性。

舉例來說，如果你住在一個充滿正能量的地方，要產生負面思維很難，通常那些會一直提倡正能量的人，大都身處充滿負能量的環境，那麼對方所謂的正能量是真的嗎？

盡量往好的一方面去想，嘗試著改變現狀，就是正能量的真諦。

若只是一味要求「正向思考」，抹煞了真正的人性，倒也未必是健康的發展。面對任何挫折挑戰，只要抱持著接納與轉化的心態，我們就能昂首闊步，真正的毫無所懼。

將負面思考縮小，放大光明、積極的一面，具有正面能量的人不僅僅只限於個人修為，也能影響鼓勵周遭的人，而讓頹廢的人也懂得積極振作起來，這就是正面能量。這也是為什麼多數人會喜歡與積極、樂觀的人親近，而不願總是向低潮、悲傷的情緒靠攏。

正向思考無須外求，透過我們自己就能改變。先從學習消化自己悲觀的念頭開始，讓自己朝積極的方向前進，而不是等待著誰能來拉你一把。能夠這麼想，就表示你已擁有相當的正能量，即使你不談論、不張揚，在別人眼中已是具備了光明的特質。

隨時記得提醒自己：「別過度的擔憂。」只要相信一切都會好轉的，自然而然你就會朝著更好的方向前進，這也就是正面思考的力量。

10. 認真的過每一刻

你可曾捫心自問：自己有沒有認真在過生活？相信很少有人會停下來問這個問題。在求學的我們生活比較單純，我們只需要把書念好，得以應付課堂上的考試，頂多再加上社團活動，生活就已填滿。但踏入社會後，生活壓力隨之而來，沒讓我們有太多思考的機會，光是要養活自己平衡收支就已經逼得人喘不過氣來，又怎會有時間去認真思考：什麼叫生活？

雖然說忙碌的工作也是生活的一部分，當你盡心盡力為前途、財富打拼，也是種認真生活的方式。然而我真正想討論的，不是要告訴你如何賺錢，而是提醒你偶而也需要停下腳步，好好檢視一番：這是你想要的生活嗎？還是只庸庸碌碌，不知為何而忙，為何而戰？

成年之後，似乎有許多「規範」不知不覺就被套在我們頭上，像是有沒有成家，有沒房子、車子，乃至於職位的高低，在在都成為別人眼中評量的標準，多數人忙於遵循那套標準，好像成了畢生追求的準則；但卻忽略了，適合別人的軌道，未必適合每個人，這就好比不同的衣服穿在不同人身上，呈現出來的模樣也會不同。

我前陣子剛好看到一篇報導，形容為什麼同一套衣服穿在英國王室不同的王妃身上，會有氣質上的差別。犀利的媒體指稱有些人就是缺乏皇室的尊貴氣息，這是怎麼包裝都裝不出來的。同樣的，不同的人生就像套在身上穿著的服飾一樣，不合「尺寸」、「比例」的人生，套在身上只會有種突兀、不舒服的感受。

每個人天性不同，有些人隨遇而安、胸無大志，喜歡悠閒的生活方式，總能知足常樂；有些人喜歡把時間安排得很緊湊，像一個陀螺一樣停不下來，一旦沒事可忙就會陷入恐慌；有些人善於規劃、有些人善於開創，並不是所有的方式都適合每個人，也不是每個人都能達到某些成就。

往往在你羨慕他人的同時，也有人正羨慕著你的人生。就像有人遺憾自己沒能走進婚姻，但又怎知多少已婚的人恨不得掙開婚姻的枷鎖？隔了段距離就像蒙了層面紗一樣，讓我們產生過度美好的想像，但事實卻非如此，也只能說：「如人飲水，冷暖自知。」

因此，不論我們處於生活哪個階段，了解自己，懂得規劃屬於自己的人生才是最重要的。每個人都有自己理想中的生活，「有夢最美」所言不差，因為這樣的目標，讓我們的人生變得更加有意義，讓我們不像被囚禁在籠中的鳥兒一樣，被人或環境所牽制，而能充分享受自己主控的人生，哪怕是一個小小的興趣、一個小小的成就，都能成為喜悅的來源。

不用羨慕幻想去過別人的生活，每個人有每個人的路要走，最重要的就是面對自己，不枉費時光，踏實的過屬於你的日子就行了。跟自己競賽，今天的你比昨日更好，而今日的付出也正在創造美好明天，終有一天你會達到自己的理想，那才會是你獨一無二的幸福人生。

11. 交易的智慧

最近，我因為買賣房子的交易過程，讓我對人性感到些許失望。當你發現房產一過戶，業務人員立刻變了一個嘴臉，從原先噓寒問暖、溫馨接送，到後來指責你：「像個有錢大爺」，如此的惡言相向，讓人不知所措，以為你面對的根本不是同一個人。

原以為這樣的事只有我碰上，但無意間看到媒體報導一位藝人也曾有同樣的經歷，以及碰巧跟一位許久不見的老朋友談起她買房子的經歷，最後又怎麼賠錢失去了那個房子的過程，這才發現原來類似的狀況也發生在不少人身上。深刻反省才察覺，原來自己面對的是一個利益至上的「機器」，不能用正常人與人之間的關係去看待。

真相就是，別把陌生人突然的熱情誤以為是「真正的友誼」，以為對方真把你當回事，把所有發生的一切當真。

再提另一個例子，某次我遇見一位水準不太高的阿桑，她極力想把前夫的小房子賣給我，那房子已經好一陣子都沒能賣得出去。而當時我剛好有租屋的需求，於是就提議先去住住看。對方同意用很便宜的價格讓我入住了，過了一陣子，自己覺得住得很順，也想清楚可以買下那間小房子時，這位阿桑竟然在沒告知的情況下，就偷偷把房子用更高的價格賣給了別人。這讓我感到十分訝異，包括對人情跟信用都產生了質疑。

後來回想了一下，才發現自己最大的錯誤在於——不應該在一個水平不高的人面前誇讚對方，包括讚美那間房子的優點等。講到這，你是否覺得有違常態？

沒錯！基本上人與人相處不應先入為主抱持成見，不管對方知識跟行為水平的高低，但當你以對等的方式看待對方時，你就無法期待那些與你不同水平的人，懂得以同等的方式回應。

通常，水平較低的人一旦發現原來自己在別人（你）眼中是這麼重要（就像阿桑極力推薦的房子），因為沒有足夠的教養跟知識背景，對方反而會因此拿翹，不知不覺爬到人頭上還沾沾自喜，自以為也跟你平起平坐、高度相同了。這個反差就在於：你真的沒把人性看透。

我們以為所有的人都應該像過去的同學、現在的同事或親友一般，但社會處處險惡，如果你不保護好自己，就只能等著被惡狼生吞活剝。我們不需要去害人或騙人，但基本上保護自己的利益是必要的。在還沒摸清對方底細之前，勸你還是保持冷靜，別被那些甜言蜜語給迷惑了。

當一個陌生人過度熱情、吹捧、在你面前擺盡低姿態時，更要有所警覺，因為後面一旦失去「利益」的糾結，噹對方露出的真面目時，可能會讓你大失所望，甚至被傷透了心。

我們也可以說：「真正的弱者是不會主動跟你乞討什麼的。」如果他懂這套，早就發達了，還需要裝嗎？

因此，必須得能真正分辨真弱勢還是假弱勢，才不致讓我們的善良傻傻被利用，到頭來還被反咬一口，讓你心痛又心酸。

如果我們能保持著「交易的智慧」，知道什麼該說、什麼該保留，你才能避免成為被利用的「工具人」，以免後悔莫及。

不要把過度的熱情當真，也別輕易將內心的好評說出口，特別當你要進行議價取得有利的價格時，盡量把缺點挑明了說，別客氣！對於那些過度的「熱心」保持冷靜，才不容易一頭栽進別人的圈套裡。

12.生活中的救世主

我們常常以為事情拖久了，就能按照我們所想的方向發展。可惜啊！往往事與願違，事情總朝著糟糕的情勢發展。令人百思不解，還以為自己運氣差還是怎樣，明明看著別人都能稱心如意，有很好的貴人運，反觀自己，到底問題點出在哪裡？

如果你也會這麼想的話，勸你還是醒醒吧！因為這世上根本沒有「救世主」，真正的貴人運還是要靠自己，如果我們自己都不振作起來的話，即使有貴人從旁經過，也不會伸手拉你一把。這就像一句俚語所說的：「天助自助。」，你要別人丟根浮木給你，首先也要展現自己的「求生意志」才行。

每個人的人生都難免歷經高低起伏，往往在我們意氣風發的時候，很少考慮未來，認為所有事情都是理所當然的，包括那些阿諛奉承的人、因為你的光環而靠近的人們，甚至還將他們當成知交，這首先就犯了很大的錯誤。

因為一個人的優勢往往引來許多的嫉妒，不時有躲在暗處的小人想霸占你所有的好處。如果不趁自己狀態好的時候多結交些值得往來的朋友，往往就會在生活中為自己埋下地雷，說不定哪天會炸到自己措手不及。古人說的：「高處不勝寒」就是這個道理。在自己處於優勢時，更需要步步為營，才不會招致往後的失敗。

成為別人的貴人

能真正改變現狀的只有我們，命運掌握在自己手中，不要渴望真有那麼個人伸出援手，因為多數人都是抱著趁人之危之心，能遇到個願意伸出援手的人，可是不可多得的福氣啊！

人與人之間本就會埋下「善緣」、「惡緣」，有些人懂得知恩圖報，有些人卻善於「過河拆橋」。當壞事發生在自己身上，不需要整日埋怨，將自己身陷負面情緒中，這只會把你帶往更深的地獄。試著往好的處，憑藉你平日與人為善、廣結善緣，其中只有那麼一個願意出手相救，一切就都值得了。

也因此，只要你平日願意付出，成為別人的貴人，這樣的「福報」終有一天也會回到你身上。儘管有些助力是即時雨般的雪中送炭，也有些是隱形的助力，都將成為慢慢推動你的力量，無論如何，展現出你願意努力的決心，而不是只會被動的等待救援，自然會吸引願意幫助你的人，為你帶來很大的助力。

相信自然界的平衡規律，你的付出不會白費，你的努力終有一天將證明其價值，別妄想一步登天，自然能從低谷中慢慢爬起來，只要你有信心，就一定能辦得到。當自己獲得幫助時，別忘了回報給他人，形成一種善循環，最終你將發現，真正能救得了你的，就是自己這個最重要的主角。

如果你相信自己做得還不錯，
不在乎別人怎麼看你時，你會很自在。

現在的你，就是剛剛好的自己

無論時間距離，心裡總有個位置，安穩地存放著某個人。
——Peter Su

CHAPTER 03

距離的美感

1. 多點讚美

只要是人，沒有誰不喜歡接受讚美，而討厭遭受批評、挑剔的。然而我們卻常常忽略，在自己喜歡接受讚美的同時，是否也忘了樂於讚美他人？

馬克吐溫曾說：「只要一句讚美的話，我就可以充實的活上兩個月。」

讚美就像是隱形的光和熱，帶給人愉悅跟鼓勵，啟動一種振奮向上的力量，不僅僅能感染他人、也能給自己快樂的回報。不管被稱讚的人嘴上如何謙虛，但心裡卻一定是無比歡欣的，如果我們能善用這份力量，往往可以達到意想不到的效果。

比如當你想指正同事做事老達不到標準，嫌對方笨拙時，指責的成效一定不好，如果能反過來用讚美來取代挑剔，反倒能激發出對方的潛能，讓你刮目相看呢！

或許你會認為：「反正笨就是笨嘛！叫我怎麼去讚美一個愚蠢的人呢？」

其實換個角度想，每個人一定都有他的優點，只是你還沒發現。而讚美往往能使對方發揮出最佳狀態，在不想他人對自己抱持的希望落空，總會拿出最佳表現，展現出人意表的成績。

更遑論讚美用在情感的交流上，有多麼大的助益。所謂「情人眼裡出西施」，當你不斷讚美自己欣賞的對象時，總能逐漸拉近兩人的距離，甚至讓你夢想成真的跟對方走在一起。如果我們經常稱讚身邊的人，相對的也會引起他人好感，為自己贏得更多的友誼。

讚美就像遞出的鮮花一般，能讓人如沐春風，增進人與人之間的好感度，也為自己的形象加分。相信沒有人會想親近一個老喜歡批評的人，因為這會讓人如坐針氈，深怕一不小心自己也會淪為被批判的對象。就算那些挑剔很中肯，但總會讓人心裡產生疙瘩，任誰也不願意聽到關於自己不好的評論吧？

這不是要你流於虛偽、客套，因為如果是強裝出來的行為，很容易流於諂媚反而得到反效果。而是讓自己學會從正面的角度去看待他人，用更寬廣的心胸去包容他人。

不管再怎樣糟糕的事、再怎麼笨拙的人，都能從他身上找到一些優點並善加鼓勵，這會比打擊對方的信心得到更理想的效果。

懂得時常讚美他人的人就像是溫暖的陽光一樣，隨時帶給別人愉悅振奮的情緒，無形中也能化解許多對立，而啟動一股向善的魔法。這就像創造出一種磁場，別人會因你而變得更好，同樣的，你也會在這樣的氣氛之下，獲得更多的回報。

2. 裝傻也ok

男女相處，是一門學問。有些女生在生活中，自己能做的事絕對不依靠別人，不能辦到的事也不願意去尋求他人的幫助，總想著「不要別人添麻煩」。其實，有這樣想法的女孩，過得很辛苦，裝傻才是女人生存的最高境界。在對方滔滔不絕講自己多棒時，即使你知道事實並不他吹噓的那樣，你最好默默裝傻；當你想成為「被照顧」的那一方時，無論你有多麼精明能幹，最好裝傻；對一些雞毛蒜皮的小事裝傻、裝得自己很笨的樣子，往往可以減少摩擦、讓對方——而不是你，扛起更多的責任。

當朋友有朋友的距離，情人有情人的親密，關係把持得不好很容易把異性之間的友情搞僵，如果對方又是一個值得交往的朋友的話，你更需要在必要時裝傻，保持朋友之間的距離。所謂感情應當「細水長流」，不用老是黏在一起造成對方誤會，也不要在曖昧之間游移，清楚的劃清好界線，才是維持情誼的長久之道。畢竟要碰到一個不錯的朋友不容易，男女之間要維持長久的友誼更需要「裝傻」。

在很多人際關係的往來，工作場合中同事之間的互動，經常也需要適時的裝笨，這不是要你真的什麼都不懂、或是在專業上表現不佳，而是當你不想跟著別人起鬨、不想成為他人利用的工具時，對於那些流言蜚語最好還是裝不懂。

譬如經常在公司裡最容易出現的小團體，各自會拉攏跟他們「同一派」的人，如果剛好跟你很好的同事需要你的認同，而你不想選邊站時，「裝傻」是最好的脫身方式。當你不想把所有的責任都攬在身上，偏偏你的能力又特別強時，最好還是學會收斂一點。總之，換個角度去想，沒有人是不可取代的，我們都只是一間企業裡的小螺絲釘，如果你想維持「長治久安」，最好還是不要太出風頭，除非你有自行創業的打算。

「裝傻」不是要叫你當個笨蛋，有時裝傻也是另一種智者謙虛的表現，古人說：「大智若愚」或許就是很好的解釋。

在很多場合中，我們難免會遇到自己不喜歡的人事物，特別是現代有越來越多的「強迫症患者」，你不想跟對方交惡，也為雙方都留下一個退路，這時「裝不懂」會是一種很適切的作為。你不需要試圖跟對方正面衝突，也無須跟這種人溝通，因為這類人通常都擺明了「你聽我的就對了」的態度，多說只是浪費爭執的時間，講了也是白講，那不如就——裝傻吧！

假裝「聽不懂」、「不知道」，三兩句就可以把自己所討厭的人或狀況打發掉，何樂不為？

為什麼我們得在許多問題的癥結點上與人爭執不休？尤其是當結論對你的未來無關痛癢時，又何必浪費那些時間精力？那些懂你的人自然會明白，只是控制你來滿足自己，又何必讓對方得償心願？這時裝傻反而是一種修養，更是一種四兩撥千斤的聰明技巧，下次如果再遇到難纏的人事物時，不如善用這種技巧，作為「明哲保身」的工具吧！

3. 我們與善之間的距離

有人說：「善良是一種選擇。」我倒是傾向：「善良是一種天性。」因為一個本性善良的人，無論在一個大環境裡如何受到挫折，如何學會隱藏，卻仍會在不經意中展現出善良的特質。

只是在人性日益混濁的現代，善良往往成為被利用的「工具」，那些別有居心者把善良的人當成了「弱者」，以欺騙的手段來獲取免費的奉獻，以至於很多原本善良的人一而再而三受傷，最後選擇以冷漠來武裝自己。導致我們以為現在的人都很無情，其實未必是這個樣子的。

正因為需要保有那些良好的品行，有時我們更得懂得保護自己，將善良用在對的時機、對的人身上，以免再一次讓自己受到傷害。為了保護自己，我們常因現實環境讓自己逐漸變得冷漠，嘗試用冰冷的心來武裝自己，卻很容易無意間在某個時刻、某種場合漏了餡。

就像一次旅行中，我被一位身上充滿刺青、剛上車的女人不小心撞一下，對方立刻非常禮貌的向我道歉，讓我感到吃驚！對方的內在完全跟外表給人的第一眼印象不同。

如同我置身在一個粗鄙的環境中，意外遇到很有禮貌的傢伙，即便原本臭著張臉，也會直覺地做出禮貌性回應；當看到一對雨中不小心摔車的母子，也會跑過去把傘遞給他們等。原來儘管外在大環境使人失望，但我們的本性卻從未失去。

當然我也承認，善良是可以選擇的，我們的選擇是因著對這世界、對生活從未失望，只是暫時被環境影響了情緒而已。

你可以選擇成為善良或偽善的人

善良跟偽善的分別就在於，一個是真心誠意為人著想，另一種則是表面上做給人看，想藉此得到榮譽或掌聲。而不同的出發點給人的感受不同，實際上能產生的力量也有所區別。

幫助他人應該是「及時雨」而不是「錦上添花」，但偽善者往往就是後者，表面上的偽裝不僅無法給人實際上的幫助，其真面目也遲早會被人發現，遭受唾棄。

當善良限定範圍

只針對「自己人」善良的並非真善，而是自私。這種「自己人好就好，莫管他人瓦上霜」的心態，往往無法給人留下真的好印象，反而遭致更多的批評。

如何讓自己的善良能充分發揮，運用在真正需要幫助的人身上？唯有如此，這樣的良善才能創造出更大的意義；使人在付出的同時自己也得到最大的快樂，其間的拿捏就需要更多的智慧。懂得觀察是一項要點，這將有助於你在決定是否付出前有所取捨，否則明明是好心卻落得被利用，善良變了質，那就成了生命中的一個污點了。

總之，你可以當個好人，但別讓自己成了爛好人，以免產生「泥菩薩過江，自身難保」的窘狀，你必須理解，千萬別讓同情心遭到濫用，保有自身的實力有時反倒能幫助更多需要幫助的人，而不是將自己一股腦投入在不值得的事情上。

4. 有些話不如不說得好

拜網路之賜，現代人多了許多發聲的管道，不管你是市井小民、教授、學生或者何方神聖，每個人都有了很多自由表達的機會，這一開始顯然是件好事，但在過度濫用之下，後來也成了「頭號麻煩」。

首先就拿非網路世代的人來講，有很多人並不清楚網路上的言論只不過像一縷清煙，無須對它認真。但偏偏那些不習慣使用網路的人，卻會把別人的發言看得很重要，甚至造成現實中的衝突。

就拿我來講好了，原本相處得好好的朋友，雖然對方的學識經歷於我並不對等，但交友有深淺，我也不會太去計較要每個人都懂你。錯就錯在一回加入了彼此的臉書，現實生活中未曾出現的衝突開始爆發開來。

自己一時的心情抒發，被對方視為有針對性，不斷質疑我發文中的涵義，認為我意有所指。到最後，好不容易建立的友誼，卻因為網路上的抒發而一刀兩斷。想來真是可笑。

至於那些習慣了網路的年輕族群又有另外的故事了。他們可不是光像非網路世代的人們，喜歡躲在那偷窺他人的生活和想法，而是把網路融入了現實的世界中。去到哪裡都習慣向全世界宣告，吃了什麼、交了男朋友（不大閃特閃怎行？）、全家去哪玩，乃至於曬娃娃照等，光看網路貼文大概都知道對方的生活大小事了。而這其中千篇一律大多報喜不報憂，能拿來炫耀的盡量炫耀，得到越多羨慕的按讚數越好，而生活中真有這麼多朋友嗎？

說到這，大概很多人腦海裡飛過的，除了那些吃喝玩樂、曬恩愛照之外，印象最深刻的，應該就是網路上的酸民吧！不過這篇不是特別來討論酸民的問題，而是聚焦在相關聯的「發言」上。

我們知道，網上的發言幾乎是百無禁忌，無論在新聞或粉絲頁、個人貼文下，每個人都可以盡情表態，因此有時不免冒犯到他人。當傷害他人的言詞越來越氾濫，我們不禁要反問：「某些話又不是非說不可，你的心事犯得著去跟陌生人分享嗎？」也許你發表的只是一閃而逝的念頭，卻有可能對他人造成深深的傷害。

這一點確實要注意。每個人的想法瞬息萬變，你可能一時覺得這是這樣、下一秒鐘又改變了念頭。當想法尚未表達出來，就只是個念頭而已，一旦用語言或文字表達之後，就成為一個具象的存在，不但會影響他人對你的看法，也可能影響他人。

所以，把話說出口跟書面的文字都需要反覆思考後再表達，如此犯錯的機率可以大大降低，也能避免造成自己或他人的困擾。也就是說：當你思考過後，即使內心已有定論，但也未必一定要表達出來，因為你得多方考慮可能的影響。

即便是那種無傷大雅、一時興起的念頭，你也未必一定要搞得眾人皆知，有時為自己保留一些隱私，也是種保護自己的方式，因為你不知道那些「小人」潛伏在何處，正等著伺機而動。

所以有句名言說：「沉默是金。」就是這個道理。我們無須什麼事情都拿出來跟人分享，有些事、有些話只要自己心裡明白就好。懂你的人自然會懂你，不了解你的，自然也無須跟對方多做解釋，畢竟你的人生是你在過，不是嗎？

特別是那些傷人的話語，說了對自己無益卻對他人有害，跟自己的隱私一樣，說了還不如不說得好。

5.長久關係的基礎

或許是因為商業發達的原因，越來越多現代人變得有種，「強迫症頭」，把工作上的習慣套用在日常生活之中，結果不僅達不到自己想要的目的，也常因此而得罪他人，失去一些珍貴的友誼。

即使是生意上的往來，人與人的互動能選擇的模式很多，但有些人偏偏為達目的不擇手段，強迫別人接受自己的觀點，自我中心，而不是去關照別人的需求，這樣即使一時達到目的，卻也可能失去長久的信任關係。

古人說過：「己所不欲、勿施於人。」我們都不希望不想要的事物被強壓在自己身上，那麼，又為什麼強迫別人接納自己的想法呢？

我有位外國好友，因為來自不同的文化背景，剛開始總覺得對方固執，自己所言明明是為他好，對方卻屢勸不聽，於是慢慢疏遠了對方。但經過一段時日，我們再度碰面也有了共同的經歷之後，才逐漸了解到，真正的朋友不是強迫對方跟你想法相同，而是彼此尊重。

對方身上或許有我們所沒有的優點，而我們也可能具備對方缺乏的優勢，但這些都不影響彼此的交往，學著在相互往來時尋求平衡點。那些你不以為然的觀念，其實點到為止就好，如果對方無法接受，自己也只能包容不同的意見了。

我很高興自己想通了這點，差點沒失去這麼重義氣的朋友，而我們之間的友誼也因為彼此能相容，才能維持得長長遠遠。

反觀另一個經驗，有次我遇到很久不見的老同學。過去求學時代對她的印象很好，抱持著好印象再度相遇，卻不想對方竟不斷開口的口頭禪是：「我這是為你好……」而想慫恿他人做某些事，失望的驚覺，這一切不過是對方想達到自身某種目的的伎倆。也許是愛炫，或者為了證明她很有手段，可以讓別人聽從她的。

過不了多久，我的好感就消失無蹤，甚至起了反感。當你開始抗拒這樣的言詞，對方也逐漸變了個臉色，還脫口而出：「人家對你好，你不要不知好歹……」在那剎那，所有過去美好的印象瞬間瓦解。這時終於看透，人是會變的，少年時所見的單純面貌，不一定人人長大後還能維持原本的模樣。也因此，最後的結果還是跟對方各走各的路，從此不相往來。

從這兩個例子來看，最大的差異就在於「包容」。我尊重你的看法，雖然我不同意，你也能接納我的選擇，雖然可能讓你感到失望。但人與人的互動不是誰犧牲誰，只想著要如何控制對方的關係，若抱持著這樣的想法，遲早會被看穿手腳，而讓彼此的關係降到冰點。

人與人的互動或有可能參雜著某種利益關係，可能是你需要對方些什麼，對方也希望從你身上獲取些什麼，但「尊重」永遠是人際互動達到平衡的不二法門。即使一時之間你無法達到自己所想的目的，但時間一長，你的付出總能得到回報。

這就像做生意一樣，生意要做得長長久久，而非只在一時，不懂得為人著想，賺到的永遠只是今天的利益，卻失去明天的希望。

6.有些事不用太較真

曾經從事過新聞工作的人很多時候都習慣追根究底，希望能找出一個真相，看清事情的真貌，但這種「打破砂鍋問到底」的個性，卻常常會在現實上吃了虧而不禁開始懷疑：「尋求真相永遠是有利的嗎？」

或許這樣的態度在求學工作上是有利的，但放在生活，特別是感情問題上，追求真相的結果往往扼殺了一個原本幸福的未來。

好友小茵和男友交往了快十年，旁人都羨慕他們的感情「十年如一日」，親友們不時的催婚，也不知他們在遲疑些什麼。

據小茵的說法是，兩人都希望趁年輕在事業上再衝刺一下，等有穩固的經濟基礎後再結婚。看起來這段感情沒什麼問題，就等待好的時機開花結果。

不過真正熟悉小茵的好友卻明白，小茵在外商公司上班，收入不錯，要買房育兒都能負擔，真正的問題應該是出在男方身上。男方剛開始創業，生意始終浮浮沉沉，有時還必須靠著「斜槓」才能勉強維持收支平衡。這段從學生時代開始的戀情，因為雙方進入社會後的差異，有了很大的分歧。

小茵是個務實的人，男友則是一個夢想家，他認為人生是追求理想的過程，如果沒了夢想無疑是白活一遭。因為對人生觀點的迴異，他倆的感情勉強靠著多年的情分維繫著，然而狀況卻越來越像飄搖的風箏，在狂風中不知哪時會斷線。

在參加完同學的婚禮，看到昔日的老同學一個個步入結婚禮堂，已經超過三十大關的小茵不由得也開始緊張起來。她開始向男友催婚，卻發現她越是逼得緊，男友就開始逃避，甚至有些疏遠了她。

「難道是他有了什麼狀況嗎？」

小茵不禁懷疑，而周遭朋友也同意這種看法，還雞婆的願意幫忙協助打探。

結果，小茵所懷疑的竟然成真——男方有了小三。

這對小茵來說無疑是天大的打擊，從激動的質問對方，到後來對方坦承一切，無疑也宣告了這段感情告終。在周遭人都大加撻伐男方的無情跟背叛之餘，其實受傷最深的當然是小茵，她的痛苦不是旁人所能幫忙分擔的。

說起來，這不過是種老掉牙的劇情。一段感情拖久了，雙方之間出現了第三者介入，最後被正牌女友抓包，結果最後只能分道揚鑣。但假使換一個情況，小茵一直被蒙在鼓裡，心性不定的男方最終回頭，還是決定選擇小茵，小茵在始終不知情的狀況下，最終愛情如願修成了正果呢？

如果你是小茵，會希望是哪種狀況？

有些人不把問題說破是因為尚有眷戀，人生總有意外，生活中有太多的誘惑，有時說來就來，讓人招架不住。我們無法要求每個人都要像聖人一樣，如同柳下惠坐懷不亂，人性終究都有弱點，誰也不能保證一定能拒絕誘惑。

我們往往對人要求過高，期盼過深，卻忘了回過頭來反問自己，這是你要的真相嗎？如果探究事實的真相是如此的不堪，你是否願意面對？有足夠的勇氣去面對與接納嗎？

如果我們往前多跨幾步，你會發現過程的細節並不重要，重要的是結果。你希望有什麼樣的結果，就必須盡量往好處想，對於那些無法掌控的變數，不妨保持冷靜的心態去看待。如果那些真相無法將生命導向更光明的一面，那麼你從中挖掘，只不過是為自己製造困境，使自己身陷其中。

7. 學習欣賞缺陷中的美感

最近我剛好看到一則報導指出，部分容易拖延的人經常不是因為自身的懶惰，而是對自身的要求過高，以至於遲遲不敢行動，怕達不到自己所想要的標準而使自己跟別人失望。

在我們打算付諸行動之前，這樣的心態其實常常存在，看似沒什麼規範，卻因此造成深深的困擾。

如果我們能更深一層去了解到，很多事情的發展往往出乎我們所預期，當你以為有了萬全的準備時，卻事與願違，反倒是狀況在當我們並不看好的時候，卻突然有了令人驚喜的轉變。

於是，身為一個追求完美主義者，很容易被這意料之外的情況逼瘋，於是在行動之前變得格外猶豫不決。

這看起來似乎也不是壞事，至少對於個人而言是如此。但如果一直不去行動，不就代表無法得知其後果？你又怎麼知道結果是否如自己預期的一樣呢？

換個角度想，如果能，試著去接受不完美，了解到任何事物都存在著缺陷，而那些不完美正是促使人們進步的原動力。懂得欣賞缺陷並包容它，或許就不會在行動前顯得這樣戒慎恐懼了。

想成就一件大事，必須容許缺陷的存在並接納它，使自己接受些許轉圜的餘地，反而更能促使事情成功，不至於因突發的狀況而使自己手足無措。

不預設立場，將意外視為日常滾動式調整，事情或許會有更好的發展也說不定。太過執著於某一點，以致將無關痛癢的缺陷放大了，反而讓我們無法看得更遠更廣。

一件事情的評價好壞往往來自於結果而非過程，就像那些成功者很少會向人訴說背後的辛酸，因為眾人想看到的都是成功的那一面，當你成功之後所說的每句話、每個字，似乎都成為「至理名言」了。

所以，何須去計較那些小小的失敗？特別是因為害怕不夠完美而讓自己躊躇不前，往往將使我們失去更多。

不要忽略了行動其實比不動要好，至少你願意去嘗試，然後在挫折中擷取經驗、不斷反覆修正直到最好為止，這才是一種「完美」，對生命的一種「修練」。況且你又怎麼知道，在前方等待你的，會不會是令你驚喜的結局？

生命好比是獨一無二的藝術創作，不論是拍照攝影或靠畫筆臨摹，都無法重現原作的神采；因為逼真的複製反而失去了原創的靈魂，無法重現創作當下瞬間產生獨特美感，這也是藝術創作之所以可貴，更存在生命力的展現。

所以，如果你不去行動，永遠不知道結果會是什麼，懂得接受不完美也才能更接近完美，達成你心中所想的目標。

8. 別被網路綁架了

你是否曾遇過，某天出門卻把手機忘在家裡？相信很多人會開始不安焦躁，習慣了時時刻刻關注的東西不見了、擔心別人聯絡不到你，看不到即時社交媒體的回覆，使你異常焦慮，好像生活中缺了一大塊。然而事實上，隨時上網真有這麼重要嗎？

除非真的有工作上的需求，不然，生活中真有非馬上聯絡不可的必要嗎？

就真有這麼一次，我把手機掉在另一個地方，在背包中遍尋不著的情況下，竟然落入一種莫名的恐慌。過了一會，等自己冷靜下來便發現，即使是那些通訊軟體上的朋友，也不見得會馬上回覆你的訊息，更何況是那些社群媒體上實際生活與你平日毫不相關的某某人，難道沒馬上看到PO文、沒立刻回應會失去些什麼？於是那股焦躁的情緒逐漸平復下來，似乎有沒有一機在手，也變得沒這麼重要了。

說實在的，自己也不是什麼大人物或大老闆，怕隨時漏掉重要消息，大部分的我們就是尋常百姓，離開工作崗位的我們都是普通人，認清自己其實沒這麼重要吧！大多時間我們不過是被網路綁架了，因為通訊越來越方便，讓我們離不開網路媒體，好像時時刻刻需要被關注，也同時在關注著別人，然而在現實世界中，那些人往往跟我們沒有任何的連結。

現實生活中的歡聲笑語遠勝過手機裡三秒鐘的爆笑，若換做是用手機跟朋友分享，倒是無可厚非。你分辨得出其中的差異點在哪嗎？相信前者會是真正存在你將來的回憶中，但網路上的歡樂卻只停留在那片刻，這當中的差別就在於是「誰」控制了「誰」。

在科技發達的現代，我們要特別留意別被網路媒體牽著鼻子走，而是懂得利用網路媒體為生活加分，而不是減分。

網路中的世界應該純屬於娛樂的一部分，就像你觀看電視一樣，當關上電視的剎那你還是得回到現實世界中。無論網路裡的世界有多麼精彩，那些你往往可以忽略，但現實生活卻不行。試想，如果你沒起身去洗那堆骯髒的衣服，網路上能替你「洗」嗎？眼鏡該換了、肚子痛了，網路無法解決這些問題，包括許許多多的生活雜事，最後還是得自己起身出門處理，網路能帶給我們的，只是生活中一小片段的娛樂（或知識）而已。

光是看那些大吃大喝的網民，帶你參觀他們住的地方多棒、去多少美麗的旅遊景點，你透過網路看得見，吃不到，充其量也不過是一窺別人不一樣的世界，到底對你的人生能起什麼作用？

或許一些知識性的頻道的確能帶來閱讀效應，但那也是經過你的選擇，當你選擇了某些媒體觀看而不是被流量帶著走，那表示上網的控制權依然在你手上，你至少不是個被控制的「棋子」。

學會不被網路綁架，你才有更多屬於自己的時間做自己的事情，至少把環境弄得更整潔、決定去上某一門課……，其實你可以做的事情還很多。雖然網路帶來的便利性不可否認，但究竟怎麼使用、控制權還是在我們手上，千萬別忘了這一點。

9. 事情總有一體兩面

當時下流行著「正面思考」的標語時，你知道要做到這點有多難？又有誰真正能成天都這麼「陽光」？

要保持正面思考難就難在，我們每天的生活裡總是會有些出乎意料的「災難」發生，像是出門不小心踩到狗屎、騎機車也會遇上天上掉下來的鳥糞等，你說再正面思考的人這時難道真的不會有脾氣？除非他是機器人吧！

人都會有人性，也會有喜怒哀樂，生活中的大小瑣事很難讓人始終維持著正面情緒，情緒失控在所難免。發洩並不是件壞事，對身心都有益，你也不能吹毛求疵的認為會發洩的就不算是個正面思考的人物。

思考是否正面，關乎理性。當我們惱怒、憂傷時，又怎能要求一定還能保持「正向」，能「正面」到哪去？所謂正向思考的意義，應該是著重在平常我們看事情的角度，在情緒過後是否能心平氣和，朝好的方向去看待發生的一切。

任誰都不是神，在當我們受了氣，遭受到無理對待的當下情緒一定是有的，但事過境遷之後，我們是不是能換位思考，把事情導向樂觀的角度去看待，這才是重點。

好比你接獲一通業務來電，發生雙方都在氣頭上，你認為自己已經夠禮貌了，對方卻覺得你的客氣反倒是浪費他的時間，這下我勸你，倒不如當下直接拒絕對方。

雖然對方可能是因為目的未能達成而惱羞成怒，而你成了「受災戶」，但你也無須因此討好對方，你的好意想為彼此留個後路，看在對方眼中卻是牽拖，沒有必要。這就是認知上的差異，當你遇到這樣的對象，這樣的反應，雖然當下覺得很難堪、受氣，但回過頭來想想，不也給你上了很好的一課？

很多時候，我們所考量的別人不一定理解，還不如一乾二淨、就事論事，你認為的「情面」、「後路」別人根本不需要，那又何必多此一舉呢？該得罪人的就會得罪，我們無法討好每一個人，還不如就做好自己該做的，點到為止，也不需多費心思再挽留些什麼。

有些衝突在所難免，老是把那些小事放在心上，就是對自己的折磨。這時候，就很需要正向思考去看待那些個衝突，讓我們在心中把這件事情淡化掉，任何事情都可以從不同角度去看待。

就拿我們最不希望發生的衝突來講好了，如果不是因為有衝突，你如何了解到每個人的立場不同？或許面對衝突還真是個最容易解決問題的方式，比起拖拖拉拉，最後弄得彼此不愉快，還浪費精神時間來得好。

一件事情的失敗，或許可以引導你轉向另一條成功的道路，這就像你屢屢投資失敗，與其懊惱失去的金錢，還不如從此看透你並不適合從事這種風險行業，而將心神投注在別的方向，促使你有更好的發展等等。

總之，不要總是執著在一個不開心的癥結點上，任其膨脹發酵，這對我們來說是沒有任何意義的。反之，如果你能在那些負面的事物上，得到新的認知，付出的心力就沒有白白浪費，即使仍有損失，也能從中再度贏回來。

10. 人與人的連結

關於人與人之間的連結，你是否曾經想過，我們到底是怎麼交上朋友的？讓這個議題勾起你的回憶，帶你重返跟好友初識的當下，弄清楚現這段十分投契、自然而然的情感是怎麼開始的。

記得我跟一位國外好友第一次碰面的情景，當時我在一家pub見到對方，對方披著披肩在我和朋友的桌邊起舞，我的印象是：「這人看起來好像女巫喔！」

第一次留下很特別的印象，說不上好或是不好，就是覺得對方有些「詭異」。後來又有了第二次、第三次的相遇……，那次在衝突的場合中，對方說了句非常有義氣的話，正好打中我的心坎，我們才真正成為朋友，後來便成莫逆之交。這是最初我們根本不會預料到的。

另外一位為時已久的知心好友，據她提起對我的第一印象是在補習班的課堂上，當時外面不知在慶祝什麼，忽然有人放了一長串的鞭炮，而我是唯一那個沒有跑到窗邊湊熱鬧，繼續唸我的書的人，這讓她覺得印象特別深刻。而我回憶起第一次看到她的印象，在此之前早已知道她是誰的女朋友，也曾聽別人描述她有雙大大的眼睛，但我第一次看到她的感覺卻是：「眼睛也沒多大嘛！」

其實我們的座位相隔很遠，根本可以說是八竿子打不著的人，卻因緣際會考上同一所學校，在註冊時相遇，才逐漸發現彼此的個性是多麼相近。

我相信，每個人跟最要好的朋友初見面，都會留下深刻的印象，即使最初我們並沒有察覺什麼不同，但卻因著各式各樣的際遇讓我們牽繫在一起，你說，這不是上天安排好的緣分是什麼？

其實不只是友誼，包括愛情也一樣，當雙方在茫茫人海中相遇，因為那些心有靈犀而特別靠近，或許換句話來說，拿掉緣分這麼「渺茫」的說詞，你也可以實際一點，把這種「緣分」解釋為「遇到跟自己性格層次相等」的朋友。

唯一可以確定的是，兩個思想性格迥異的人，絕對不可能成為真正的好友，頂多可能就只是「酒肉朋友」或「點頭之交」。而什麼樣的人跟什麼樣的人接近，是不變的定律，如果你希望結交那些你喜歡的對象或朋友，你就必須具有與他們具備對等的條件，站在同一個水平之上。

能不能獲得一位知心好，也在於我們是否能督促自己，讓自己成為一個有能力、有品格的人，否則永遠只能隨波逐流，成為泛泛之輩，無法令自己成長跟進步。

我相信人與人之間的確需要緣分，然除了機運便人們相遇，我們自身所具備的條件更是讓友誼長存的關鍵。當我們在抱怨身旁的朋友時，不如想辦法先改善自己，你周遭的人事物也會跟著改變。

11. 距離產生美感

不可否認的，人都有多個面向，不少人在某些時候、某些人面前是一個樣子，但面對不同的人時，又有不一樣的表現。當我們碰到不合理的對待時，反應不用太激烈或跟對方爭執，倒不如回頭反省一下自己，是不是自己有什麼失誤，導致讓人誤認為你好欺負？還是不小心透露自己太多弱點，不夠了解對方就掏心掏肺，讓別人看透？

每個人都得要保護自己，雖然不致於需要戴上假面具，但懂得跟人之間保持一段距離是必要的。因為距離往往產生美感，又或者說是，讓人摸不清、看不透，製造一種神秘感，也能讓彼此更加尊重。

試想，當你面對家人時，大家什麼事都毫無隱藏，於是我們的態度就會自然而然的隨便起來。你認為有話可以直說就很少顧慮對方感受，覺得彼此是家人，應該都非常了解彼此，因而當跟家人起了爭執時，雙方很容易一句話就刺中對方的要害，而引起軒然大波。雖然我們知道對方是無心的，因為沒有任何一個家庭中的一分子會希望對方不好，相信彼此心底都是愛著對方，但為什麼又會口不擇言，句句往對方的要害上攻擊？

道理很簡單，正是因為緊密的接觸，使人容易產生摩擦，而這種摩擦也因為太了解對方的一切，更會在氣頭上口不擇言，因而傷害了彼此。但家人與外人不同的一點在於，家人之間要找到溝通的機會很多，而外人卻不是。

你可以看到兄弟姐妹一旦吵了起來，很快的又和好，好像什麼都沒發生過。可是外人就不一樣了，你們可能只是「萍水相逢」或是彼此生活沒有交集，一旦發生爭執，也許從此分道揚鑣、不再往來。

或許你覺得沒什麼，大家「不合則散」；但你怎知將來會不會有一天又再碰到對方，而那天可能這人對你會有重要的影響力？更何況也許那一點的意見不合，並不代表彼此之間沒有其他共通點，在某些問題上的執念而破壞一樁好好的友誼，其實是很不值得的。

人與人相處，在尚未熟識對方了解脾性之前，保持適當的安全距離是必要的，就算相處久了你也會發現，很少有完全意見相同的兩人，如果有的話，那人想必是你的「知己」了。畢竟「知己」者少，大多數的人跟我們都存在很多的差異，你可以和少數人深交，卻不需要跟那些半生不熟的人打壞關係。因此，拉開彼此的距離是一種維繫友誼很好的方式。朋友是多多益善，因此如何維繫各式各樣的友誼，也是一種生存之道，更是一門學問。

和比你淺薄的人就跟他們談論淺薄的話題，能真正和你頻率相通的人，才跟他們聊些較深入的問題，別妄想把自己的觀念加諸每個人身上，才能保持人與人之間關係的平衡。換個角度來說，你又不是要跟別人結親，又何必一定要別人來了解你？古人言「君子之交淡如水」是非常有道理的，我們只需要和一般人保持著不遠不近的距離，從距離產生一種舒適感，你也就不會對朋友之間的友誼過份強求，而更能保持和諧關係了。

12. 結下善緣

人與人之間的緣分很奧妙，有些人一看就對眼，好像跟對方有聊不完的話，但有些人怎麼相處都不對勁，很難找到一個共通點。有些人相處久了反而變得跟仇人一樣，有些人才見面片刻，卻感受到如同手足一般親暱。和人之間的互動往往出乎我們預料，是否合拍往往也只有在親身相處之後，才能知曉。

人與人之間的緣分很重要，投不投緣更是對雙方未來的情感深度有決定性的影響，尤其是對那些感受特別敏銳的人來說，和一個人有沒有默契、觀點是否一致，往往成了選擇朋友的重要依據。但對一般人而言呢？友誼的親近與否往往就跟現實的牽連緊不緊密有關。

譬如，同一所學校的學生很容易成為常往來對象，出了社會就以同事、上司、下屬，或是業務往來對象較為親近。因著現實環境而集結成某種特定的社交圈。如果你問那一種好，其實很難評論，人們可能因為環境的關係而選擇結交的對象，也可能因為頻率相通而成為好友；但不管如何，朋友對我們總能形成某種程度的影響，

當你認識那種善於居家布置整理收納的朋友，去對方家拜訪幾次，你也會開始對自己家裡的凌亂開始不滿起來，如果你的朋友是愛讀書的，你也可能會想了解他讀些什麼，甚至借幾本書回家開始翻閱起來或者做事井然有序、態度積極、目標明確的友人等，都可以為我們帶來正面的影響。但當然也有那種專門拖人下水，給你找麻煩的朋友，當然，這種損友你最好離遠一點，躲得越遠越好。

如何讓朋友對你產生正面影響，遠離那些負面的牽連，這就有賴你個人的智慧（這部分不在本篇討論範圍之內），而本篇的重點則是著重在：如何廣結「善緣」，讓你擁有更多好的緣分，別輕易失去一份好不容易得來的情誼，其實這也是需要技巧的。

你會發現，要得到一份友誼很不容易，但失去一個朋友往往只在轉瞬間，只因你說了一句話或做了某個行為，多年的友情都可能因此破滅。或許你當下很灑脫，認為「合則來、不合則散」，但過一陣子肯定會後悔，因為這絕非你的本意，況且朋友是多多益善，而你的「損失」就在於你犯了錯卻不肯承認。

得罪人的方法有千百萬種，但想贏得一份友誼卻不是很容易的事，能多些朋友對我們的未來很有幫助，說不定將來在某個重要關鍵時刻，朋友能及時拉我們一把。甚至透過關係，也能讓我們在事業或生活上得到更多的助力。也許真能幫助你的不是現在你認識的這個朋友，而是透過朋友的朋友，讓我們度過難關，在生活上更一帆風順。

人生不如意事十常八九，那些能讓我們避開危機、脫離險境的，往往都跟人有關。我們平日如何待人處世，正決定你我的未來。你可以在別人失落時給一張笑臉，也可能跟著他人一起「打落水狗」，萬事萬物都有因果，你的行為舉止將為日後的你帶來不同的結果。

「廣結善緣」是我們一生都需要努力學習的課題。學習如何與人應對，對於自己與他人的交流謹慎以對，減少自己因魯莽而犯錯的機率。進而學習如何提升自己，結交益友，從人際關係中獲得助益，這也是讓自己更進步的方式。因為只有當你更懂得體恤周遭的人，具備某些能力，才能吸引更多更好的人接近，也為自己擴展更寬廣的人生。

愛得恰如其分，愛得不多不少，
才能活出兩個人的精彩！

現在的你，就是剛剛好的自己

當我們對一切感到厭惡時，常選擇轉身離開，但心中卻久久無法釋懷。請記住！在轉身當下就放下吧！別再偷偷抱持期待。

CHAPTER 04

是時候離開了

1. 別再自欺欺人

最近這段時間，我迷上了塔羅牌。

美麗圖樣的牌卡是吸引我的其中一項原因，此外就是塔羅牌似乎有神奇的力量，能夠窺探別人的內心，解答人們心中的謎團。綜觀最受歡迎的牌卡提問，不外乎：「他喜歡我嗎？」、「他心裡有我嗎？」、「誰在關注你？」、「誰又暗戀你」等。林林總總能夠解答感情層面不確定性的特殊能耐，吸引了眾人的目光。

說到這裡，這一點也正是切中了人們的心理需求。誰在戀愛時心情不是七上八下，很想知道對方的心意？想知道對方把你放在心目中的哪個位置？

尤其當感情還在曖昧跟單戀階段，更是充滿無限的想像，八竿子都還打不著，就能算出對方是自己的「靈魂伴侶」了！（如果這裡有表情符號我真想用上）。

其實，算牌也真的就是滿足人們的心理需求而已。明明事實擺在眼前，就是不願意承認，而企求在一位算命師身上得到自己想聽的肯定答案。有時當我看到那些過於認真的網友留言，真會忍不住莞爾。塔羅牌也不過就是個娛樂而已，當作看場電影、讀篇小說，有必要那麼認真嗎？

你試想，如果對方這麼在乎你，會不想立刻給你打電話或傳簡訊？還犯得著你花時間去問塔羅：「他為什麼不聯絡你？」

塔羅牌的解釋永遠離不開那一套：「因為對方有過去戀情的陰影」、「他還在療傷」等，聽起來如此可笑。與其聽信這些解答，還不如你精心策劃去接近對方來得實在。

別人怎麼想不重要、別人是否真有過去需要療癒的傷痛也與你無關，只要你跟對方還沒有任何接觸，那些都不會是你的事，也不是你該關心的。如果一個人對你有心，自然朝你飛奔而來，早把那些過往遠遠的拋諸腦後了，還需要你日夜惦念著「對方為什麼不聯絡你」嗎？

講了一堆算牌的例子之後，回到現實層面，是不是我們經常也會陷入類似「自欺欺人」的狀況？

明明事實擺在眼前卻不願意去承認，這包括政客的說謊、對學業、事業乃至對人生伴侶的挑選等都是一樣；當我們想成功達到夢想中的生活，得到心目中理想的戀情或婚姻，首先就得誠實面對自己，找出方法來扭轉現在的不如意，才能有所改變。

善用你的優勢讓對方看見，這也是一套「老招」，說實在的還蠻管用的。總之懂得行動，那麼你就成功了一半。如果老是在等待，時間都花在猜來猜去、想東想西，情況並不會如你所願的成形，甚至還可能讓別人「捷足先機」，到時候不是更令人扼腕？

好吧！就算事情不如你所預想的發展，那也沒關係，至少你做過努力了，會看得更清楚明白，也就沒什麼好遺憾的了！

2. 自由的定義

我們都想要做自己，都希望能擺脫種種父母、師長、社會的約束，真正過自己想過的人生，但有可能嗎？

我認為，一個人的自由程度往往跟其生長的社會環境有關，就算我們的社會已經算是開放，但很多方面跟西方社會仍舊差一大段距離。當我們羨慕著老外「好像」可以真正選擇自己要的人生，但別忘了，你所身處的社會仍然夾雜著重重的傳統包袱，讓你有時不得不低頭。

就拿很簡單的「獨身主義」來說好了，有多少人想一輩子孤身生活在到處崇尚家庭為重的社會環境裡？他們多麼希望能生存在人們視獨來獨往習以為常，朋友好比親人手足的社會中？可惜身處的環境並非如此。如果硬要堅持，會活得非常「孤獨」，甚至一輩子活在別人眼光的壓力下，即使所渴望一點點情感的滋潤，也敵不過道德輿論獲得社會認同。

我曾有個外國朋友請我給他在手臂上刺青的中文詞語建議，因為他吶喊要自由、不想再受到婚姻的約束，因為他實在受夠了！（而他已經歷經了三次婚姻）。不過，不出三個月便傳來他再婚的消息，他決定在那個落後國家娶老婆了。聽聞這件事情，朋友們包括我，都忍不住取笑他：

「說好的單身呢？」

他避而不答，只說他太喜歡那個國家，已決定那兒住下來。不難想見，一個落後國家往往傳統包袱很重，即便受夠了婚姻的老外，有時也不得不向傳統低頭。

回到我們怎麼看待「自由」這個議題。

國父的定義是：「自由以不妨礙他人的自由為自由。」

聽起來很簡單，做起來其實也不難，但我們所想要的自由卻遠大於這一點，我們渴望生活上的自由、工作上的自由，乃至感情上的自由，但這些自由你都得和他人協調取得平衡才行，不是嗎？

假使你的老闆下令：公司開會必得親自出席，否則就別在公司以外的地方上班，那你還夢想著可以把工作帶去旅行？更別說如果分配給你的任務繁重、時間緊迫，即使在家你也享受不了接案的悠遊生活，現實恐怕跟你所想的出入很大。

再說感情上的自由。談戀愛本來就不是一個人的事，愛情包括了占有欲跟對時時刻刻陪伴的期待，更別提踏入婚姻，還有許多責任要負、家庭要顧，你哪來這麼多「自由」啊！

人們心目中的自由往往跟現實有所衝突，恐怕很多時候，不是我們一個人想怎麼做就能怎麼做的。

難道，我們就得從此安分認命平凡度日，視自由為非分妄想？那倒未必。在有限的範圍之內，你依然可以享受自由，追求你所想要的自由，自由是種自我意識，沒人能攔得了你。也正因為是在如此狹窄空間下的自由，不會讓我們失去真正的自我。

總之，我們必須認清所謂的自由必須有所犧牲，「魚與熊掌」你只能取其一。這也是生命的一種定數，你不能既要這個又要那個。真正的自由應該是存在你我心中，自在遨翔的那片天吧！

3. 你值得更好的

你可曾靜下心來，花時間思量，自己究竟想成為什麼樣的人？

這是每一個我們在百忙之中所必須抽出時間做的功課，因為生活有太多繁瑣的事情將我們困住，使我們常因情緒的起伏而失去方向，以為我們只能接受現狀，強迫自己面對挫折所帶來的遺憾，對於前途感到茫然。但這些都不至於改變我們的本質，除非你選擇放棄。

常有書籍引導人觀測天象，學習參透自己的命運，往往都提醒著我們能為自己召喚幸福，不管是天馬行空也好、真有其事也罷！但總都集中在一個焦點：「我們是有可能通過意念去改變命運的。」

想像一下，如果今天你過得很開心，與過往失聯的好夥伴不期而遇，是不是會讓你對未來充滿信心？感受到生命充斥著美好泡泡。這就是一種心境上的轉變，能使我們看待生活充滿了正能量。這時無論你正遭遇什麼麻煩事，或者在感情上碰到什麼挫折，都會覺得是芝麻小事一樁，眼前的快樂頓時將這些焦躁不安掩蓋下去。這種情緒上的轉變，連帶的影響我們面對事情的態度，也正因為那種愉悅讓我們更明白自己要的是什麼。

同樣的，如果我們持續對未來抱持著樂觀的想法，那麼再大的困難也就不足以形成阻礙，你將更有信心跨越挑戰，朝原先設定的目標前進。

同樣的，事情會因為我們看待的角度而有所不同。如果你用放大鏡去看，再微小的事也會膨脹好幾倍，但如果能以一種豁達的眼光去看，再大的困難也不足以阻擋我們的去路。因此，我們想成為什麼樣的人、過什麼樣的日子，全然取決於你。你可以繼續應付那些討厭的人事物，也可以選擇離開，追求更好的。

所以，為自己尋求定位時，重點就在於你怎麼看待自己。你認為自己的價值在哪裡、值得如何被對待，這也同時將影響周遭的人怎樣對你。簡單來說，人本就是會互相影響，先別去提那些小人如何存心想挫折你，都不足以改變你成為自己想成為的人，一旦你選擇更好的道路，就可以無視於那些企圖扯你後腿的人。

一旦你採取更寬廣的角度去看待事情時，就會發現有些人可以爭得了一時，未必爭得了一世，別讓企圖去改變你成為跟他們一樣的人得逞，而是視你選擇跟什麼樣的人為伍，成為你自己想成為的那個人。未來永遠是掌握在我們自己手上，而不受控於他人。

當你遇到不知如何解決的問題時，不如想想你崇拜的對象，試想他們會怎麼面對類似狀況。一旦你能拿他們作表率，那表示你正走在跟他們一樣的路上。

此時的你往往會發現，那些能有所成的人，往往不會去迎戰那些扯他後腿的人，而是將他們視為過客，如同過往雲煙，甚至不屑一顧，從不在這些人身上浪費多一秒的時間。因為他們知道自己的時間寶貴，知道自己的價值在哪。

請重新思考定位自己，確立自己的價值的所在，朝此目標前進，你會發現自己將逐漸改變環境，也改變了自己的命運。

4. 不被小事影響

在生活周遭經常發生大大小小的事情，不斷的影響著我們，有時是情緒，有時是觀念，甚至是生活的改變；如果想維持生活的平靜，最重要的是別任那些負面的聲音放大，讓一個微小的問題變成生活中的「大麻煩」。

外力對自己所產生的影響力大小，事關個人的感受度。有些人特別敏感，也有人大而化之。你不能盲目批評人的易感，因為有時這種敏感反而能帶來其他的好處，像是創作力跟想像力，但反之就是很容易造成生活跟情緒的起伏。

對所有從事創作的人來說，感受力強確實很容易造成情緒起伏，特別會受到外在環境的干擾，某些在別人眼中看來毫不起眼的事情，在這些人眼中很容易放大，這也是他們為什麼能擁有比一般人豐沛的想像力。或許大多數人並不是藝術家，但也可能具有類似的天性，於是乎這類人特別需要的就是保持冷靜，學著過濾那些負面的聲音，尤其那些會讓你感到不舒服的芝麻小事。

有些人會透過寫日記來清除心底負面的聲音，我倒覺得，並非每天都遇到鳥事而值得大書特書，有時你不去記它，事情反而很容易雲淡風輕的過去，譬如最近我就碰到一件事情引發一些感觸——

那個我十分不想碰到的人，竟然在一次偶然的場合中撞見了——那是我最不想遇到對方的狀態。因為當時自己已經很疲累、狀態不是很好，隨便找了個角落休息了一下，等稍稍恢復元氣時，一抬頭卻看到那個之前與他吵過一架的傢伙，相信任何人在那種狀況下心情都不會好到哪去。偏偏衝突才剛剛發生不久，且重點是，對方犯了我的大忌，根本是個勢利眼、雙面人。

你很難想像一個先是在你面前噓寒問暖，表現得比誰都還熱絡的人，會在拿到了好處後對你翻臉不認人，甚至口出惡語，前後兩種臉色讓人簡直反應不過來，不禁要問：「這是同一個人嗎？」

好吧！既然如此，自己也只能認栽，當作繳一次學費、認清一個人的真相，就從此各不相干。卻不想隔沒多久，還會跟這種人在路上巧遇。當然當下我立刻起身，板著臉走開，不想跟對方再有任何的接觸。通常遇到這樣的事，有時我會在日記或是個人網頁抒發心情，但不知怎地，那陣子剛好很懶得紀錄，接著過了幾天，當想起時已經沒了那種憤怒的心情，好像一段時間之後，也把這件事給淡忘了。

這讓我有些驚訝：人的記憶力還真是脆弱啊！回想起來，這真的對我只算是雞毛蒜皮的小事，自己怎麼竟太過在意這類的小事，以至於心情被影響很久？，想來真是可笑！

試想，在日常生活中我們是不是也常犯了這個毛病？會因為別人無心的一句話、一些舉止而難過很久，等過段時間卻連對方說了哪些話都忘記了，而之前竟為了這樣的事情費心，不顯得很浪費精神嗎？甚至因為太容易受到影響，反而讓我們中了小人的計，被耍得團團轉而遭受損失。

因此，我們得學會別把瑣事當一回事，那麼負面的情緒就會很快就過去，讓自己有更多的心思放在該認真的事情上，聚焦使我們快樂的事情，才能讓我們保持在最佳狀態。

5. 想離開要趁早

年紀越大越覺得，移居是件很麻煩的事，年輕時駐所搬來搬去，從學生時代只需要一個大袋子，到後來需要小發財車。曾經有一次我搬回老家，才一星期就受不了，也是兩三個箱子寄回台北，日子還是是照樣過；現在身邊的東西越來越多，對生活的舒適度要求也越來越高；過去搬一次家新添的東西花個幾百塊就夠了，現在光是基本開銷都超過幾千塊，才能營造基本的舒適感。時下所謂的極簡主義，你真能忍受多久？更何況經年累月下來，你真有辦法毫不累積一些值得紀念的物品嗎？

記得在國外走著走著也不知不覺在一個定點停留下來，接著是東西越來越多，很幸運的認識當地的一個華人老闆娘，我的一堆生活用品就塞在她們家一個很大的衣櫃裡（幾乎占了一半的空間）。每次只要我有機會回去，總會整理一下找出些「可能會用上」的東西，然後又放入一些以後「可能用到」的物品，所以總量似乎也未曾減少。每當想刪減一些物品時，心底總是有個聲音告訴你：等等，這或許將來還用得上！於是日復一日的循環，你擁有的東西只會更多，不會更少。

拉拉雜雜說了這麼一堆，其實是跟之前一個很年輕就結了婚的朋友有關。

一回她向我提到跟先生的不合，一直想離婚，但考慮到小孩的因素讓她很煩惱。據我所知，經濟方面對她來說不是太大的問題，因為她有份穩定的工作，假日還去進修，本身娘家也能提供安穩的靠山，那不離婚的理由是什麼？

「對方可以幫我付車貸。」她說。

「可是你不是說跟他個性合不來？」我知道她最近才開了台新車。

「是沒錯，但想到小孩還小。或許，等孩子長大了再離吧！」

她做了個結論。

沒想到她竟然為這樣的原因而意志動搖了起來，旁人實在也不好再多說什麼。中國傳統上向來是「勸合不勸離」，但我的觀念不同：「如果是個不幸的婚姻，拖得越久越難離開。」

不論是從其他朋友身上的例子還是家人親友的故事，同樣的狀況比比皆是。到最後你會習慣忍耐，或把那些不愉快當作生活的一部分。從剛開始極力抗爭，到後來無奈的接受，最後不幸也成了習慣，而把這一切都歸為「宿命」。但真的是這樣子嗎？

命運當然是可以改變的！就像是工作不好可以換，朋友志向不合可以換！人也可以藉由努力脫貧，包括感情也是一樣。就看你給不給自己機會。然而時間也可能是最大的敵人，儘管有些痛苦可以藉由時間淡化，但有些不幸跟墮落卻也能因為時間而成為習慣。

像是溺水的人，一開始肯定都會拼命掙扎，直到用盡最後一絲力氣為止，而不幸的人生跟溺水很像，只是沒有面臨到即時的死亡威脅，若我們不立即做出改變，那樣的折磨將跟隨我們一輩子。

當我們年過中年，你想再來改變，恐怕就已經力不從心，而習慣安於現狀了！

6. 放下執著

人生中有些堅持是必要的，但有些執著不過是狹隘的觀念，讓人誤以為一旦獲得就像擁有了全世界，其實不過是坐井觀天而已。多少人因為執念而失去最寶貴的東西，因為執著而毀壞了原本應擁有的幸福人生；當我們失去理智時，就很容易被盲目的舉動左右了我們的人生。

曾經有件一度非常轟動的追星事件，一個盲目相信跟偶像有姻緣的粉絲，最後搞得家庭破碎，即使她原本擁有很好的學歷條件，後來只落得在一般商店打工求得溫飽。幸好最後她清醒過來，回歸正常生活，但失去的卻已經要不回來，這不也是一種盲目的執著所種下的惡果嗎？

要看清一件事物的本質本來就不容易，尤其我們常過於感情用事，以至於一旦把事情（或人）過度美化了，以為得不到就像是世界末日一樣。卻忘了人生還有更重要、更值得我們追求的事物，只要我們能暫時放下，走出去看看不同風光，或許你會遇見更多的美好也說不定。

執著於特定事務就好比宗教偏執，你只相信自己所相信的，全神貫注的投注其中，對旁觀者的勸導置若罔聞。如果自己能冷靜下來，多用理性去分析，將會發現，很多時候我們不過是一時糾結，誤以為所專注的是終身的希望寄託，才會發現當時的自己是何等的不智啊！

人們對事物最常見的執著，往往發生在感情上。

過去我常常聽人說：「放下執著」這句話，當時年輕還不能了解，但每每失去一段戀情時，心情的痛苦大概就跟打了新冠肺炎疫苗一樣——但過了一段時間再回頭來看，才發現那時的自己真是傻得可以，也不明白當時自己為何會有那樣的舉止。

相信很多過來人都會有同樣的體會。甚至後來可能有了幸福的婚姻，過往的痛苦甚至轉化為美好的回憶，忘卻了痛苦的部分，或許有些人還會感謝那些失去的戀情，而慶幸自己沒在上頭膠著，才能獲得後來更美好的感情歸宿！

這正說明——很多時候，我們當下的執著，常只因只是懷抱著「輸不起」的感受，不甘於自己已經付出了那麼多，捨不得就此放手，而現實的真相往往要到後來才能明白。

雖然學會放手沒有說起來那麼容易，但你可以先學會看淡，一段美好的關係應該能讓你感到快樂、幸福，而不是痛苦和折磨。有助你看到光明的前景，讓你渾身充滿能量，那才是適合你投入的工作或生活。當我們能學著用理智去分析，你將明白很多時候困住你的，並不是事情本身，而是我們的內心。

7. 誰是受害者

我們經常會聽到有關於「被迫害妄想症」的說法，到底什麼樣的人才是真正的「受害者」，又有哪些人其實是自己想太多？

當我們無端感覺到委屈，認為他人的心懷不善，無形中會產生一股壓力，那時就會覺得自己像是受害者，對外的交流自動帶上「悲慘」濾鏡，即使對方沒有任何動作，已經讓有些人無端的起了這種心理作用。這種狀況常常發生在愛鑽牛角尖的人身上，習慣演繹成悲劇的唯一主角，對別人無心的一句話多加揣測，原本沒有的事，因為太多負面思考，反倒讓自己好像真的「受害」一樣。

當然這裡所談到的被害妄想，並不包括那些明顯是受害者的一方，而純粹是自己過度幻想出來的。

即便自己真的有所損失，但得失總在一線之間，你怎麼知道今日的失去不會以另一種方式回報給你？生命看得是長遠而不在一時，那些悻悻然以為占得一時便宜，不顧及他人感受的惡棍，等在他們前面的不會是一條平順的坦途，而是崎嶇不平的長路，時間拉長來看，是誰吃虧還不一定呢！

因此，就算我們一時吃了虧，也別太耿耿於懷，路不轉人轉，你總會找出那條最適合自己的道路。別因為一時眼前的損失，而跟人斤斤計較，否則你所損失的不只是當下，還會影響更多。學著放開心胸，你才能有所得，上天會以另一種方式來回報你。

如果以自然的因果循環解釋，萬物都存在著一種平衡，有失也有得，端看你用什麼樣的角度去看待，能否放下安德魯王子些不愉快，接收即將到來的美好的事物。

舉個例子來說，可能今天你出門時身邊的朋友一再告訴你不會下雨，你便把雨傘給擱在家裡，卻沒想到卻遇上了大雨淋個落湯雞。這時你心裡第一個嘀咕的可能就是那位朋友。但卻沒想到，那位朋友因為愧疚，而打算請你吃頓大餐。

或是你可能因為朋友的關係讓你當眾出糗，卻意外遇見一位陌生人出面相助，而對方正是你所欣賞的異性。如果我們可以先嚥下那口氣，先讓自己冷靜下來，說不定原來的壞事反而會有好的結果也說不定。

就像我有一位很聰明的女性朋友，她總能成功的得到她想做成的生意、想交往的對象，當我好奇她為何總是能「稱心如意」時，她告訴我的訣竅便是：

「等上一等，別太心急。」

也的確，過於急躁往往讓我們搞砸事情，很多的誤會來自於我們太快、太直接的反應，本來沒有的事被憑空多生出枝節來。不止給自己搞得一身麻煩，真正期盼的結果還可能因此給飛了。

如果我們能多點耐性，別先入為主的認為自己是受害者，凡事都可能出現轉圜的餘地，甚至能出現轉機來改變現狀。有人說：「一旦你認為自己是什麼，你就能成為你所認為的樣子。」這一點無論放在什麼樣的場合中都是用。

別老是擔心別人是不是會陷害我們，而是試著讓自己成為一個強者，當你站在一個強勢主導的地位時，任誰也無法輕易傷害你，不是嗎？

8. 你在跟誰生氣

在當今越來越混亂的局勢下，我們常常難以保持平靜，更容易遇到許許多多的「野蠻人」，要想情緒不被干擾，並不容易。我所謂的「野蠻人」指的是那些沒有教養、自認為高水平卻層次很低、喜歡用侵犯他人來證明自己存在的傢伙，這類人也隨著時代的演變越來越多，要完全避開實在很難，經常一不小心就和這類人物「碰」上。

當我們遇到那些無理的人難免心中生火，特別是有理講不清，水準低又愛裝老大的人，對於這些人你除了生氣別無辦法。但生氣也沒用，根本是白白浪費自己的精神，不僅對健康有害，對生活也無助益，那麼這樣值得嗎？

相信很多人有類似的經驗，這時不如反過來想想，當我們對這種人生氣時，不也同時拉低了自己的層次，跟那些人為伍？當你覺得自己明明有理，對方卻不講是非時，你還要浪費唇舌在那種人身上嗎？

一時之間你或許覺得委屈，但跟這種人爭執，無異是掉入他們所設下的陷阱——「激怒他人好刷自己的存在感」，甚至藉此拉高自己的地位，你何苦還要傻傻受人牽制，跟他們一般見識？

古人說得好，「近朱者赤、近墨者黑。」如果我們跟水準低的人為伍，那就是「長他人之氣、滅自己之威」，無形中把自己放在等同的層次上而不自知，等同「抬舉」了對方，正中他人下懷。白白讓那些層次低下的人扯進他們的爛污泥裡打滾，這又是何必呢？

那些企圖影響他人的人，最怕的不外乎「一個巴掌拍不響」。得不到自己預設的反應，才是讓他們感到最挫折的。因此別去搭理對方，把對方的話當空氣，才是應付這種人最好的方法。

要知道，當我們生氣時往往會失去理性，更容易成為有心者捉弄的對象，有時明明不是你的錯，卻變成是你的問題，這其實是因為怒火讓你看起來反而成為失去理性的一方，而成為被指責的對象。保護自己的最好方法還是當下閃避，很多真理是需要沉潛一段時間後才能水落石出的。

對於那些善於玩弄心計的人，人家早將你當作「待宰的肥羊」，設想周全的佈好了局，你得承認，自己當下絕對「玩」不過對方。唯有讓時間去印證一切，而別讓心急使自己處於不利的地位。

你所需要的，就是冷靜再冷靜，讓自己離開那些紛擾，而不是浪費精神在那些小人身上，使自己徒沾一身腥。對而言，你還有一片天地，而對那些只懂得攻擊別人的可憐蟲來說，他們的人生除此之外別無僅有。將重心放回自己身上，去做對你有利的事，而不是成為他人的「玩具」，懂得冷靜就是一種自保，面對層次低的人，無須去印證或說明些什麼，時間自會還你公道，事發當下你所要做的就是清楚自己是什麼樣的人，別讓別人影響了你，包括情緒。

9. 美好的單身

以社會約定俗成的眼光來看，婚姻是人生必經階段，特別是學校畢業後，有房有車、成家立業才是評斷一個人成就的標準。但很可惜的，這套標準放在現今社會卻不一定有用，不少人表面上看似擁有了這一切，但實際上卻掉入了婚姻的枷鎖，幸福快樂成了假象。

所謂的「幸福」該怎麼定義？，如人飲水，冷暖自知。旁人的眼光不能代表當事人的真正感受，有些人忙了一輩子都活在他人要求的遊戲規則之下，這樣的生活真的能感受到幸福嗎？

我們不是要抹煞真正從婚姻中得到幸福的人，然而這樣的模式不盡然適合每個人，更何況其中還包含了「運氣」這個因素——

有的人感情上一帆風順，在對的時機遇到對的人，然後踏上幸福美滿的婚姻之路。但有些人的情路就是跌跌撞撞，看起來不談感情比談感情來得好，總是遇不到對的人，至因感情波折造成事業、經濟上的阻礙，那還不如維持單身來得好。

有人說：「男怕入錯行，女怕嫁錯郎。」可見一個好的婚姻或感情對象對女性有多重要。尤其台灣某些地方文化仍然保守，只要離過婚，想再覓第二春的成功機會極低。即使不走入婚姻，一段令人刻骨銘心的感情最終若分手，也可能造成一輩子的陰影，影響到未來的婚姻之路。遇到一個錯的對象，可能要花好幾年，甚至更長的時間去療傷復原。因此在踏入婚姻前，怎能不仔細思量？這可能比你錯失一個工作職位或一筆大生意來得更傷。

無論你決定要跟人交往或是踏入婚姻，事前的評估是十分重要的，別因害怕孤單而隨便把一生交付他人，先學會如何跟自己好好相處，才是最大的保障。與其要求別人還不如先求諸己，至少那是你可以掌控的範圍。

換句話說：「先懂得愛自己的人，才值得被愛。」

如果我們都無法把自己照顧好，又有什麼條件企望求別人照你的方式去愛你？換言之「如果是個不願意好好對待你的人，你又有什麼好留戀的？」只有先把自己放在最重要的位置，你才能得到合理的對待。而不是一味盡心盡力為愛付出，結果沒得到愛情也失去自我。

能與對的人一起追求兩個人的幸福固然美好，然而當對的人遲遲不出現時又何必強求？一個人有一個人的自在，把最好的留給自己，總比將心神花在不值得的人身上浪費來得好。當你能活出自信，又怎會在意別人的眼光？畢竟日子是你在過，犯不著理會路人甲說些什麼。

我必須強調：我不是倡導獨身主義，而是希望更多人了解，我們必須懂得愛自己，並學會單身時如何自處。唯有懂得善待自己的人，你才可能迎來好運，包括吸引對的人出現。即使自己個人，也要懂得打點好自己的生活，享受更多的時間跟空間去做自己喜歡的事，讓自己散發光芒，這不也是另一種幸福？

10. 從來沒有誰欠誰

當世事不如意時，我們經常聽到「人是相欠債」的說法，特別是家庭失合、婚姻觸礁時、甚至是被人欺負、倒了債，很多人都抬出一定是「上輩子欠了他」的論調來安慰自己，尋求宗教的慰藉，但換個角度來看，這不也是一種逃避、不願意對人生負責嗎？

許多事情事出必有因，當我們不去檢討過去犯的錯，卻為現在吃的苦果不斷找藉口，那真的就是自己找罪受，「萬般不由人」了！

記得小學時老師都會教：「知錯能改，善莫大焉。」長大後我們卻逐漸忘了這最基本的生活態度，遇到挫折逃避，在阻礙之前退縮，即使做出了錯誤的選擇，卻只選擇隱忍、隨波逐流，而不思改善現狀。以為日子這樣過下去，有天終究會自然而然改變，變成你想要的樣子；這無異是異想天開。就拿現實的工作或事業來說，有哪份成功的事業不是拚出來的？哪個職位不是自己努力去爭取的？天上沒有掉下來的禮物，唯有付出努力，必有所得。

當我們對現況放任不管，就像是把頭埋在沙堆裡的鴕鳥一般，採取逃避的心態下只會任人宰割。如果不去行動、思及改善，最後只會成為被控制的那一方，任人為所欲為的從你身上攫取、掠奪。這就是老抱持著「相欠債」這種觀念危險的地方。

你可以把人與人之間的互動想成是打乒乓球，你怎麼打過去對方怎麼接招，當遇到殺球時你還會傻傻認為：「這是我欠他的」而鬆手認輸嗎？當然不！你不是跑去救球，就是想盡辦法「殺」回去，這才是場精彩的球賽，也是人生中正常的競賽。

當他人對自己的恣意妄為，其實是一種提醒，提醒你是不是太缺乏防備心而過度縱容了對方？這就像自然法則中的：「弱肉強食」一樣；當你表現得像個弱者，就怪不得別人踩在自己頭上。唯一能改變狀況的，就是讓自己堅強壯大起來，捍衛你的尊嚴跟權利，這才是你當做的。否則在人生的戰場上，你將永遠是輸家，永遠只能找尋安慰的藉口，用來麻痺對生活的無能為力。

適時的保護自己也是一種愛自己的方式。

別將他人的善意視為理所當然，也別認為他人對你不公平的待遇，是因為你虧欠對方，我們只有不斷檢討自己，改正過去所犯的錯，感恩別人對我們的好，你才能真正得到公平的對待。

命運掌握在我們的手裡，如果你不想讓現況持續惡化下去，就該想辦法解決，或是轉身離開，不再讓令人厭惡的狀況繼續困擾你。總之，拿出你的行動力，而不是任由別人左右你的人生，畢竟日子是你在過，沒有人可以控制或欺負你，除非你放任他們這樣做。

11. 最美的旋律

不管你懂不懂得欣賞藝術，或是擁有什麼樣的嗜好，音樂始終是大眾普遍最能接受的一種娛樂。

不管是去KTV唱歌也好、參加演唱會也罷，甚至只是在家裡聽聽音樂，我們都能被音樂感動，而改變心情。音樂更幫我們暫時釋放心中的壓力，隨著動人的樂章彷彿來到另一個世界。

不可否認，音樂能帶來的力量可隨你的心情起伏，就算是同一首歌曲，也能帶給你不同的感受。不管你是否對音樂有獨特的品味，同樣都能從音樂中找到另一種力量，可能是快樂、也可以是療癒，開啟了我們生命不同的面向。

學習著接觸音樂可以為我們開啟一扇窗，透過音樂接觸到跟我們生活不一樣的世界，經由創作者的巧思，開啟我們對生命不一樣的觀點，使我們似乎也成了他們生活中的一部分，就算是哼哼唱唱、音階不準也好，都能帶給我們另一番樂趣。

想像著我們的人生，不也跟音樂旋律一樣，有時激昂、有時愉悅或充滿著憂傷？那都是樂章的一部分，我們需學習接納改變，進而奏出屬於自己生命的獨特樂章。

一曲平淡的樂音將無法帶來深刻的感動，當你默許了這樣枯燥的人生，它就會像生癌一樣在你人生中發酵，使你覺得生活一毫無意義。稍許的改變，即使沒有勇氣冒險，也能從生活中小小事務學習去體會、去感受，無形中生活也會變得多彩繽紛起來。

感受行走中徐徐到的微風，路旁搖曳的野花也像是在對著你發笑，這些都能為你的生活帶來悸動。當你抱怨著人生並不如意、許多的不公平發生在你身上，試著去聽一首你最愛的旋律，仔細去品味，也許就能得到滿足，常試著用這樣的節奏去改變你的人生，又何嘗不是處處充滿希望？

每段旋律其實就像存在我們生命中的一段過程，它療癒我們心靈的傷痕，也讓你轉換另一種心情。如果我們將生活也視為音樂中動人的一部分的話，你會怎麼去譜下一頁動人的篇章呢？

千萬別忽略了，我們隨時都能在生活中譜出美麗的篇章，最美的旋律就在我們的心裡。當你懂得欣賞美好的事物，自然改變整個的人生。

12. 是時候該離開了

人是念舊的動物，生活中有太多的存在是出於習慣，並非你心之所向。想想平常我們對生活會有多少不滿？你真心喜歡現在的局面嗎？

當一開始就踏錯了一步，若沒有趁早回頭，我們就很容易陷在其中，走不出去。

這好比搬家，你可能搬到一個新環境，剛開始發現很多問題，可能是大環境很糟、周圍的鄰居水準很差，但畢竟總是能找出一些個優點，譬如房租或房價很低、屋子的視野還不錯等，於是你忍耐漏水跟吵雜，年復一年，東西越堆越多，你彷彿在那個房子生了根一樣。

雖然抱怨從來沒減少過，但你卻更難走得開了。

這不是適不適應的問題，而是在於你是否下定決心要改變。不要姑息讓自己身處一個不適合的環境，還只會安慰自己：「別人還不是一樣的過……」

這話聽起來似乎沒錯，但「別人」不是你，你擁有的性格跟天賦會跟別人一樣嗎？相信未必吧！那又為什麼要拿別人來跟自己做比較？社會上充斥著許多仇殺、情殺或家庭暴力的例子，冰凍三尺，絕非一日之寒，而是日積月累造成。在一開始發現不對勁時你沒有立刻走開，認為應該要給對方一個機會，以至於越陷越深、讓對方對你瞭若指掌，更懂得如何攻擊你的弱點，彼此將自己推向不幸的深淵。

想做出重大的改變必須得一鼓作氣，在當下拿出行動力。拖拖拉拉的結果，只會不斷耗掉自己的精神，最後變成一種習慣，只能安慰自己說：「其實這也不會怎樣。」而所有的悲劇產生，就從這裡開始，逐漸在你生命中扎根。

如果能多想幾步，那些可預料的後果往往會讓你嚇出一身冷汗，然而你卻不斷忽略、放縱這種狀況產生，到頭來怪不得別人，只能說都是自己的問題。

因此，想要改變的衝動非常重要，千萬別忽略了直覺上的警訊，它會不斷在你腦海響起，提醒你該做些行動。把這當成最重要的事，將手邊的雜務移開，你才能全心全力去安排，為前途作出改變。包括那些不適合的行業跟工作，令人反感的友誼跟愛情，所有你感到會把你拖下水、令你感到痛苦的，是時候該起身離開了。

離開不代表逃避，而是讓自己開闢另一個空間重新開始。千萬謹記不要回頭，即使剛開始會有些不適應，猶豫跟矛盾，且只要衡量狀況一定會比原先的更好，就值得你去嘗試改變。

改變之初也會遇到崎嶇不平，但你有更多的選擇，終會找到一條適合自己的路，再怎樣都好過毫無行動，任自己被命運擺弄。而願意改變的人，一定能受到更多的祝福跟幫助，逐漸步上自己的理想生活。

現在的你，就是剛剛好的自己

原來，為了要「像大人」，潛意識將拚命反抗的內心藏了起來，導致整個成長過程中，我並沒有真正滿足自己內心所需。

——邵雨薇／《致，一直過於努力的妳》

CHAPTER 05

別忘了你是誰

1. 別期待自己是個天才

俗話說：「人比人、氣死人。」人與人在一起最是愛比較，任誰都希望自己高人一等、得到眾人羨慕的眼光，但事實上可能嗎？如果每個人都那麼優秀，又怎能顯現出誰的突出？世界又將變得多麼無聊？

學生時代我們羨慕著名列前茅的同學，無論怎麼用功都拚不過人家，出了社會又羨慕那些八面玲瓏、聰明絕頂的人們等，這是人的天性，期望能向優秀的人看齊並不見得是壞事，但如果因此而自我貶低、喪失自信的話，那就非常不智了。

你必需承認，世界上永遠有比自己優秀的人，所謂「人外有人，天外有天」，如果硬要比較是永遠比較不完的。因此當你羨慕那些比你優秀的人時，或許對方也在承受著比他更優秀者的壓力也說不定。

真正的天才可能例外，正因為天生下來智商就高人一等，很多人努力半天達不到的目標，他們輕而易舉就能達成，廣為眾人所羨慕，也容易成為群眾的目光焦點。但你以為他們沒有缺點、人生就此一帆風順了嗎？顯然未必。

結果可能讓你跌破眼鏡，他們的煩惱可能比一般人還多呢！而且普通人能做到的事，他們可能反而做不到，甚至比一般人還笨拙。光有高智商仍不足以應付所有生活上的問題，很多狀況不是光靠聰明就能解決的，還包括處理生活瑣事的能力、人際關係、社會化過程等，而人際關係往往是很多是天才型人物最弱的一環！

我曾認識的天才，能懂你所不能理解的數學方程式，但如果跟他出門遇到一條蛇，他可能立刻嚇得發抖躲在你身後，希望你能為他解決這個恐懼；他可能有過目不忘的記憶，但要他把碗盤洗乾淨，卻彷彿天下難事等，諸如此類，正說明了沒有人是完美的，再強的人都有其弱點，何況是天才呢？

正因為人是群聚的動物，你不可能全然隔絕在團體之外，即使「天縱英才」，但缺乏與人溝通的能力，最後還是難以成大事。這也就說明了，為什麼有這麼多的天才，最後真的有所成的卻寥寥可數。大部分的天才都被埋沒在芸芸眾生中，在人生中載浮載沉。

這其中的一項天才型人物難以克服的盲點就是「容易滿足」。因為他們只要稍加努力就足以超前普通人許多，看似沒什麼對手，於是很容易沉溺在自我滿足的階段，而失去努力的動力。所以，無須羨慕那些你未具備的天份，上帝是公平的，別人可能擁有你所沒有的，但你也可能擁有別人所沒有的才能。

我們必須接受人生中沒有所謂的完美，真正的完美在於我們能正視自己的優點，並加以發揮，這就夠了！

2. 獨一無二的你

我們常常會以為自己跟別人很不一樣，但最後你會發現，這樣的不同，其實很早就已經有人標新立異過了。我們常會發現，很多所謂的「流行」只是一種不斷的「循環」，如果你活得夠久的話，就會了解我說的是什麼。當一段時間回頭去看，我們現在流行的，不就是曾經的「流行翻版」？這說明了什麼？

不管你有沒有站在流行的尖端，只要你具有個人特色，你也可以是受到矚目的一位。

當一個社會「又」開始流行起「提倡自我」、「標新立異」時，有沒有發現那些「特別」其實跟別人也沒多大區別，又淪為一種跟風的「老套」。

不管你怎麼改變都無法改變本質。這是與生俱來的特性，沒人可以模仿、也無人能取代，而我們卻往往將這些優點放到一邊，反而去追求外在的表象，最後只會把自己弄得跟別人沒什麼不同，這反而跟一窩風也沒什麼兩樣。

我們在「做自己」之前必須先了解到什麼是「獨特性」，這不是一種「口號」、更不是「模仿」，而是發自於深切的自省後，所顯現在外的樣子，這才是真正屬於你的特質。

而多數時候，我們卻很容易陷入一個盲點——受到大多數人的影響，好像跟在別人後頭會顯得比較安全，也讓自己較能被接納。於是當一群人開始高喊「做自己」時，我們也認為「做自己」很棒！但你真的在「做自己」嗎？如果那樣的「自己」卻不見得是令你滿意的，你還會想堅持這樣下去？

反過來說，與其說是「做自己」，還不如以「遇見更好的自己」來形容將更為恰當。當你懂得發揮自己的優點、改善自己的缺失，那就跟「成為一個獨特自己」沒兩樣，才能真正走出屬於你的路來。

或許你個人的特質並不走在流行尖端上，但那又何妨？至少我們不需要被迫成為一個盲目的流行追隨者，而是發掘自己更多獨特的價值。這就跟東方人講的「天命」有關，每個人來到這世上，必定都帶有他獨特的使命，去完成這項使命也就是對自己的生命負責，而不枉此生。這就是生命的獨特性、也就是你個人的特質。

不需要跟他人比較、更無須模仿，你的獨特與他人不同。唯有找到自己所長，並設定目標走下去，能讓你感到無比的踏實與豐收，也印證出生命的非凡。

找出讓自己感覺舒服、並獲得成就的方式，那就是你獨一無二的特質，無須刻意表現，就能彰顯出來。

3. 自我要求

最近我迷上了畫畫，就一個非專業科系出身的人下筆，總是會出現不少缺憾，除非你是天才，能一筆成仙，否則，即使像是世界知名的畫家，其實仍會有很多出錯的時候。一想到此，也就覺得不必對自己太苛究了。

於是偶而可以畫得不錯，然而搞砸的機率還是居多，每次提筆總是很難掌握這次究竟是成功還是失敗。繪畫跟我的寫作專業當然是不能相提並論的，這就是所謂「專業的差別」。

拿我比較在行的寫作來講，充足的經驗讓我在一下筆時，就能判斷出這篇文章（或故事）會不會是傑出的作品、能否感動讀者。但對於大部分以書寫為嗜好的人來說，卻很難抓到重心，這就是專業跟業餘的差別。這一點放諸各種藝術領域，其實都是相類似的。

回過頭來，談到繪畫這件事，對我來說，就好像做菜一樣，因為經常是自己一個人吃飯，自己做給自己品嚐，即使燒壞了一鍋菜，也能無所謂的聳聳肩，不想浪費就吞下去，無須承擔他人眼光跟批評。但換做是廚師或「一家之煮」可就不行了，做菜往往承擔了某種成就或挫折，讓他們無法鬆懈。

所以說呢！通常這些人不管手藝再差，也有著起碼的水準，不管有沒有天分，磨練之下總能煮出比其他人美味的菜餚，就算再糟的廚師也總有自己的拿手好菜吧！

然而藝術創作是自己一個人關起門來做的功課，自己一個人關起門來做的功課，就決定了作品的好壞。

你可以把創作當成作菜一樣，以「輕鬆為之，反正壞了自己吞下」的心態，或者你可以將之視為一種競賽。當你把標準提高，肯定不會隨隨便便罷手，非要做到一定程度的滿意為止。哪怕是修修改改、撕了再畫、畫了再撕……，最後的作品一定「不會太難看」。

這樣的心態落實在現實生活上也是一樣的道理，你對自己的要求有多高，以誰作自己的模範，就決定了個人成就的高低。如果我們不一開始就為自己訂定標準，很可能就無法克服人性中的弱點，而變得懶散、敷衍，而形成一種失敗的結局。

因此，自我要求當然很重要，以追求九十分的標準來要求自己，成果自然不會太差，如果你老想著只要及格就好，那麼你的表現永遠不會讓人滿意。我們要相信，人的潛力無窮，那些隱藏的實力都需要被激發，只要懂得如何嚴格要求自己，你的表現往往會出乎意外。

無論再怎麼平庸的人，都可以透過規劃及自我要求來達到一定的目標，這一點是肯定的，即使再平庸的人，也能在某些行業或興趣上，取得一定的成就。

4. 遠離「惡」的影響

人很容易被蒙蔽，這可能來自周遭的環境、也可能跟你交往的異性、朋友有關，有些人可以帶領你步向新世界，反之，也可能把你拉向地獄，讓你以為這就是——「命」！

當然若以宿命論的眼光來講，命中好壞似乎是天注定，你所往來的對象也都跟「因果」有關，如果硬要扯「種什麼因，得什麼果」，聽起來倒也無可厚非，一切因緣都是自己招來的。但這一切難道不能改變？我們只能將生活的不如意視為理所當然？

不！當然不是的。人生難免起起伏伏，我們都是平凡人，也經常會做出錯誤的判斷，特別是感情以及人際關係的挫折，將會對生命產生重大的影響。

我們是否不自覺受他人影響，竟貶低了自我的身價？

最近我看了一段視頻，描述某個國家的邪教如何將一個名人摧毀，將他前半生的功成名從他身上抽離，落入「不如人」、「自卑愧疚」等悲觀情緒中。後來這個名人散盡千金，財富都被有心者騙走，孑然一身。幸好，最後這人看清了事實，重新振作，也才慢慢回到自己原本生活的軌道，遠遠脫離了這個魔障。

有人說：「不幸的婚姻足以毀掉一個人。」其實交錯朋友也是一樣，那些我們最信任的人，如果成天在你耳邊說：「你不行，你一定會失敗……」，就像催眠一樣，你將開始對自己產生不信任感，也會慢慢走向失敗的命運。

記得我曾認識一個長輩，剛開始，一如所有想跟你成為朋友的人一樣積極熱情，不斷誇讚你、吹捧你，特別在你失意時不離不棄，讓你對他產生信任與依賴。

然而接下來的狀況，卻是自己萬萬也料想不到。對方在獲得你的信賴後，卻開始變了樣子，開始翻臉說你不如誰、什麼都不懂等，當你發現他身邊都是些水平不高的友人，原以為自己可以不受影響，卻在某天突然發現，這些人總圍繞在你四周，試圖把你同化，想瓜分你的所有好處，但當你需要援助時，所獲得的只有差勁的待遇。

有天，我跟這位長輩提及一位受人崇敬的社會賢達，才剛開口，對方就一副不以為然的態度說：「你以為你可以高攀得上？對方是什麼人，你又算什麼？」

我根本都還來不及說明，那位是我以前的朋友。在一番啞口無言後，這才猛然驚醒自己到底在跟什麼人來往？已經變成了什麼樣子？

你身邊可能也有這種在你低落時協助你、孤獨時願意撥出時間陪伴你的友人。但你可能想不到，當別人這麼熱心的同時，是否有所企圖。當別人這麼熱心的同時，是否有所企圖你念著一份恩情開始將心思投注在新朋友上，卻慢慢的墜入了對方的圈套。

不知不覺中你遺忘了，自己原本跟哪些人平起平坐？而現在，你又是跟哪些人為伍？

你和什麼樣的人打交道，就決定了你會成為什麼樣子的人。

我過去不覺得人有階級之分，但經歷了這些年的社會洗禮，你不得不承認，還是有潛在的社會階級存在，不盡然是完全以名利劃分，但受不同的文化水平區隔卻還是有的。

一旦你交錯朋友或愛錯了人，就有可能再也回不去原本的生活了。因為那些人會在你身邊交錯形成一種生活圈，你很難完全不受影響——無論你有再強的意志力，都不可能不受身旁親近者的影響。

當有人天天對你叨唸，就算是以前你不認同的事物，也會逐漸變得順理成章一樣可信。中學時期我們也唸過「曾參殺人」的故事，即便最了解自己兒子的母親，也受不了鄰居不斷洗腦，而懷疑起自己善良貼心的孩子是否犯了滔天大罪。遑論邪教或直銷的洗腦手法，確實能將人催眠到理智錯亂。

5.過度自我感覺良好

不難發現，現今社會存在著不少自我感覺良好的人，活在自我架構的世界中，不斷催眠自己的好，卻看不到自己以外的世界，看不到自己在別人眼中是如何被評斷。

過度自我感覺良好是一種自負，然而自負跟自信的差異在於，一個有自信的人是從內而外，因學識或才情讓人折服，不需要偽裝或矯飾；而自負的人總擺出一副高高在上的姿態，但表現卻無法讓人真正折服，他們只能不斷在表面上說服別人相信他。

或許有些人會不滿的說：「我不需要活在別人的眼光中！」

其實這話講起來也沒錯，但只說對了一半，因為人本來就是一個群聚的動物，你不可能完全離群索居，但也不可能完全脫離世間的「普世價值」，這就是你給人的印象，這樣的認知可能與你自己所認為的不同，然而這一切都是源自你的行為表現。

沒有人不希望獲得他人的崇拜跟誇獎，但這樣的掌聲不是來自一種強迫的妄想，而是讓人「心悅臣服」的肯定。當我們過度抬高自己的身價，很容易就忘卻了這最重要的一點。自以為做到了超越滿分的一百零一分，卻不想在別人眼中可能只有七十分。

過度的自我感覺良好也可說是源自一種傲慢的態度，無視於那些超越自己的人，永遠覺得自己比別人在行。於是在行為表現上，反倒讓人更難以接受，就算有真才實學，也會因為這樣的心態而使人在心裡大打折扣。

如同我們看稻穗的成長，成熟的稻穀總是彎著腰，這也是自然界的定律——越是成熟的個體越是謙虛。然而，謙虛的性格似乎慢慢從現代人身上消失了，取而代之的是，不斷想出頭，卻不思從內在的培養做起。這是一大缺憾，也往往就造成了這種過度「自我感覺良好」的樣貌了。

這種覺得「自己真棒！這世界沒有我不行」的自我為中心態度，導致了多方的失敗，無論愛情、職場、人際關係都可能因此帶來嚴重的問題。因為過度膨脹自我，往往忘了去傾聽別人的心聲，虛心接納他人的意見，一意孤行的結果當然不會有什麼好下場。

有好勝心固然是好的，但用什麼樣的方式去征服別人的心，來獲得你想要的成績，才是重點。「自我感覺良好」說穿了，也不過是渴望別人的認同，只是忽略了，這不是一種強迫性的觀感，而必須是使人自動自發的尊重，這需要相當的內在實力，而不是自己說了算。

在檢視他人的問題之前，不妨先問問自己，是否在哪個環節出了問題，這才是解決問題的根本之道，以免因為過度的自我，而失去了成長的機會。

如果我們願意敞開心胸，去看到別人的優秀，承認自己的不足，那就是個好的開始。承認自己的不足並不是自卑，反而讓自己有更寬容的心胸，豐富自己的內在。

6. 理想主義

關於「理想主義」，似乎已經很少被人提及，早封存在許多著名的文學作品中，但從我最近看到的日本視頻，很訝異的有人重提這項人生哲學，似乎又將我拉回年少的記憶。

最早看到這個概念當然是從閱讀中得知，那些充滿個人色彩的夢想家，即使身處困境依然能抱持著對生活的信念，在困頓的環境中依然能找到滿滿的能量。無論是身陷沙場的無奈將士、受種族主義迫害的人們，因為理想主義而有活下去的希望。

理想主義可說是精神無上的擁有，和現今盛行的功利主義有著極大的衝突，這也是為什麼現代人很少去談及理想主義的原因。現今的社會有太多物質上的誘惑，人們圖的不僅只是溫飽，商人製造出更多可以拿來炫耀的物質，多少滿足了人們空虛的心靈。光看社交媒體上引人矚目的貼文，大多是在炫耀他有你所無法擁有的物質，而非較量心靈層次。

於是現代許多人對理想主義嗤之以鼻，認為那是一種天馬行空的虛無想像，說穿了跟「廢」字沒兩樣。人們抱持著功利的觀點去看待理想主義者，認為他們是生活的失敗者，只能抱持著形而上的夢想，在現實生活卻一無是處。但真的是這樣嗎？

如果什麼都要拿功名利祿來比較，你可能會發現，歷史中那些偉人都不值一書了。雖然是平凡的小人物無法跟那些名人相比，但理想主義者其實精神上跟那些人並沒有什麼分別。

不論在精神層面還是現實層面，單方面獲得滿足，都無法令我們的人生感到圓滿，但精神層面的滿足其意義總是遠遠大於物質上的。這也是我們的生命意義所在。如果忽略了這種「存在價值」，那麼無論賺再多錢、擁有多高的職稱，都只是一個空殼子罷了！

換個角度而言，理想也可以跟現實並存，甚至為我們創造出生活更多的可能性。譬如你夢想成為某個城堡的主人、想環遊世界、想當一名藝術家，甚至在天空遨翔，請盡情描繪你的夢想，這將成為你生活的動力，加強你在經濟上的能力，才能滿足這些理想。就這個層面來看，誰說理想主義不是一個好的概念？

懷抱理想能讓我們更加積極的生活，無論在工作或感情上滿足自己的「理想」，你也可能因為理想主義讓自己成為一種「完美主義」者，凡事要求盡善盡美，注重細節、拿掉過去對事情敷衍散漫的態度，提高工作效能，希望今天比明天更好，以理想來為自己設定目標，讓我們更加有上進心。

當有人批評你太過「理想化」時，無須跟這些人生氣，因為你正擁有對方所缺乏的特質，正因這個特質讓你與眾不同，讓理想豐富你的人生。

7. 我回快樂

繁忙的生活使現代人容易感到麻木空虛，有時不免會讓我回想起童年。那時的我們知道什麼叫作「空虛」嗎？恐怕當時占據心中的唯一念頭，都是滿滿想玩樂的影子，無論現實如何困頓，總是能想出些好玩的點子。這就樣的單純，也正是幼年的自己與成年後最大的差別。

當我們長大後回顧過往，當年的夢想是否都實現了？為什麼有更多的空虛跟孤獨感存在？其實，我們的空虛常常來自於失去目標，眼前汲汲營營的，並不是夢想，而是現實。

正因為童年時的天真，對於未來我們有很多的想像，也有無限的可能性。相信每個人都有童年時期的夢想，可能你因為對洋娃娃的衣服或髮型不滿意，開始動了想當服裝設計師或髮型師的念頭，也許因為某天在山裡撿到了什麼，讓你想當個考古學家等，那些個夢想或許太過天真，但卻為我們帶來喜悅跟生活的動力。

記得小時候，我家兄弟特別愛做標本，還會帶著一群小鬼上山下海，到處收集昆蟲，特別是蝴蝶，回家用很粗糙的方式做成標本，當寶貝一樣收藏著。儘管長大後這些記憶早已被拋在腦後，但你怎麼能知道，或許某天的午後讓他忽然憶起，又重拾這項興趣，而成為生活的樂趣之一呢？

我們不見得能成為偉大的發明家、藝術家，但卻能因為嗜好而帶給我們生活豐沛的正能量，讓我們在枯燥無聊的人生中重新找到了希望，填補了我們心中空缺的那一塊。

誰能預知會不會你幼年時的小小嗜好，來日成為你事業發展的重心呢？以我自己為例，我成長的求學時代，從來在作文上沒得過什麼高分，大學聯考也不是靠作文拿分的，當然之前也沒得過什麼文學獎之類的，好像在寫作上成績普普，跟普通人說不上有什麼差別。

但仔細回想起來，反倒是在我很小的時候，有一陣子迷上寫小說，也十分喜愛閱讀，憑著這兩個幼年的興趣讓自己後來能靠寫作維生，逐漸走出屬於自己的一條路來。不管未來是否轉職，書寫畢竟是我最愛的「事業」之一。

就算嗜好沒有變成職業，但你單純的心之所向，往往就是你真正的特長，你能從中找到一些蛛絲馬跡，成為未來職業發展的參考。也可以當作成年後的興趣嗜好，為生活添加無比的樂趣。

嗜好的重要在於，可以幫助你度過生命中的低潮，可以在繁瑣的日常工作中帶給你些許樂趣，當然，若能將興趣與事業結合是再好不過，但也無須強求，因為快樂本身就是無價，無法以物質取代。想像你剛獲得一台名車或珠寶，那快樂可能是瞬間的，你很快就容易生膩，但你真正的興趣嗜好所帶來的快樂卻是恆久而長遠的。

8. 坦白非上策

一直到自己年歲漸長，經歷了許多才慢慢的發現，很多時候並無須對任何人坦白，更正確地說是，講話不要太直接。

「誠實」是一項良好的品德，但面對複雜的社會中形形色色的人們，經常你說了實話，卻反倒對自己不利。太正直的人在這個社會是不是不受歡迎的嗎？不是的，這個世界不是不能容忍真誠、正直的人，只是容不下沒教養的「心直口快」。

舉個簡單的例子，在辦公室裡你若經常實話實說，那可能得罪了不少人。當你很老實的告訴對方同事所犯的錯，指出他的缺失，那麼你可能正在培養一個日後從背地裡找機會踹你一腳的「小人」。當你老實的告訴某人她其實長得不怎麼樣，真誠的提醒某人本身條件並不好，暗戀人可能是癡心妄想……，這樣的作為輕則使自己「沒朋友」，更慘的是為自己製造了不少敵人。這就是現實。

現實世界並不如文學作品裡那麼美好，崇尚高尚的品德最終不一定能贏得甜美的果實，這一點我們必須認清，這也是身在成人世界中必須慢慢學會分別的重點。過去我就是不了解現實跟書本完美世界的分別，所以跌跌撞撞滿身傷，與其怨天尤人，還不如及早認清這個社會，在追求高尚品德之前，必須先學會「如何保護自己」。

不管社會人心是否險惡，懂得保護自己絕對是「入門功課」。如果你是一個很有想法的人，不喜歡隨群眾起舞，那你的坦承更容易使你成為被針對的對象，不論你的主張是對是錯。

你沒有必要跟陌生人解釋什麼，更遑論那些跟你水平不一的人。要知道這世上處處暗藏著想踩在別人頭上，證明自己高人一等的小人，你「直白」

的說話方式反而會成為對方的把柄，一旦你想揭示對方的缺點使真相大白時，才發現對方將自己隱藏得多麼的好。

誠實需要看對象，更要看什麼事情，你可以對你最親暱的朋友家人坦白，卻無須對一個毫不相干的旁人掏心掏肺。慎防接近你的人別有目的，企圖想「套話」，從你身上打探消息，而那些可能攸關你本身的利益、或是隱私，甚至是你好不容易得來的寶貴資訊，何必傻傻的任人輕易取得呢？

人與之間有親疏遠近，在對方立場不明，無法確認是敵是友前，就讓人看透透，那不等於是把自己暴露在危險的境界之中？

我不是要叫你「騙人」或「說謊」，但負面實話轉個彎再說，確實能讓自己免於尷尬，也保護到自身的權利。沒人規定你必須「有問必答」、「從實招來」吧？過於坦承，將可能埋下後患無窮，又何必傻到跟自己過不去呢？

9.別失去獨立判斷的能力

我們常常會對傑出的優秀人士投以羨慕的眼神，在自己所崇拜的人面前，往往覺得矮了一截，感覺壓力重重。其實懂得去欣賞別人的優點固然是好，但卻不至於要自我否定，在你身上勢必有對方所沒有的優點，就算你無法跟對方一樣優秀，但說不定在另一個領域也能創造出自己的一片天空。

現今的社會環境，往往喜歡提供群眾想看到、想聽到的，像是給現實蒙了一層面紗，提供人們一種有如海市蜃樓的幻象，以為眼前那些「形象」完美無缺，進而產生了膜拜的心理。其目的多半是商業操作，想誘人掏口袋消費，或是為了選票的政治操弄。

不難發現類似的「造神」手段，雖然粗糙但卻有效。藉由大量的網路媒體洗腦，攻占我們的視聽，讓人很難不記住某些個名字，潛移默化中接受對方所有言行，將其所為合理化。然而真要問對方有什麼貢獻，你可能也講不出來，就只是大家說好，你就跟著拍手。塑造神話的偶像標的，改變我們的思維判斷。

對於善於催眠的造神對象究竟有什麼能耐，說有多強倒也未必，你所認識的只是個塑造出來的假象，對於他個人的原貌，卻可能一無所知。

有些KOL（Key Opinion Leader）是真的很有實力，憑藉一己的專業而逐漸為人所知，然而有些追求網路聲量的直播主、網紅，會藉由網路行銷提高曝光。一旦特定的對象不斷製造網路聲量反覆出現在我們的眼前，就會在我們腦海留下深刻的印象。這聽起來像是「著了魔」一樣——事實確實如此。

這樣的結果，可能造成人們完全顛覆自己的原則，不知不覺地隨波逐流起來，以為所見的一切都是理所當然，好像不隨波逐流就是落伍，不知不覺膜拜起對方的一言一行來。簡單來說，這就是種「操弄」，讓群眾成為被操縱的玩偶，有心人的目的就達成了。

這樣的事例尤見於政治上，為了選票再煽動人心的話術也說得出口，即使開的都是無法實現的空頭支票，但你卻深信不移，只能歸功於洗腦太成功。你很可能莫名其妙被某個人所吸引，進而相信對方所說的每一句話、每樣觀點，而不在乎其言論可能從哪裡抄襲而來的。謊言要被戳破，通常要等到一段時間之後真相浮出水面，自己才會驚覺「牛頭不對馬嘴」的可笑邏輯，發現自己被愚弄。

靠媒體捧出的「公眾人物」，常都是這套把戲，他們可能並不真有什麼才華學識，只要懂得譁眾取寵就夠了，靠著一股聲勢崛起，吸引所有人的目光，創造出不跟隨就會被孤立、排斥的氛圍。

這社會充滿著太多謊言，得靠自己去判斷，包括那些普通的sales、大至詐騙集團、名人、政客等等，他們處心積慮灌輸給大眾他們設定的觀念，一般人未經深思熟慮難免被牽著走，如果我們不夠冷靜自制，又怎能不被那高明的騙術一一攻陷？

真相往往需要一點時間來證明。如果不想被唬弄，就需要花更多的時間去觀察，切勿當下論定，以免錯判局勢。

情緒往往是一時的，而理智的分析卻是需要時間的淬練，多留點空間給自己，透過獨處，我們才能有更清晰的思考去辨別真偽。當你懂得傾聽內心的聲音，而不受外來的諸多訊息干擾時，你才更能明白事理，逐漸訓練出獨立思考的能力，對往後的人生會有很大的幫助，也能避免掉一些自找的麻煩。

10.我們對價值的認定

有一回聽到個朋友抱怨，「買的拖把頭壞掉了，換一個要兩百多塊，好貴！」我當下的反應是：「怎麼會？」

當我看到她桌上擺滿了直銷產品，光一瓶洗碗精就要三百多塊、洗髮精也是，忍不住回她：「你買那些直銷產品就不嫌貴？」

「那些很好用，而且可以累積直銷點數呀！」

我有些無言，因為市面上還不錯的相同產品價格不過是二分之一，朋友不是什麼有錢人，卻願意為那些日常消耗品付出高昂的價格的同時，卻反過來抱怨一個很平價的日常用品？不由得讓我去思考價值觀的問題。

有看過電影《購物狂的異想世界》嗎？女主角貝卡一方面教人如何理財，另一方面對購物的慾望彷彿無止境填不滿，「這個我需要」、「那個也是」總是找了許多理由買下奢侈品，於是只能選擇不斷自圓其謊和不聞不問來逃避債務。面對接踵而來的帳單，女主角曾經試圖戒掉購物癮，但卻以失敗而告終。

這讓我不禁聯想到，為什麼有些人會讓自己的生活掉到貧窮線之下？有時問題不在於我們賺多少，而是在花錢的觀念。無論是小到生活必需品、吃飯開銷到一些打點自己的服飾，因為無法量力而為，讓人們的財務失控。省那些看起來不起眼的差價無法讓我們致富，至少不會讓人捉襟見肘，生活還能達到起碼的水平。

其實我也曾見過十分特殊的例子，有個年輕人發誓要存到第一個十萬，她存錢的決心超乎我的想像。她能忍受租屋環境的不適、啃饅頭度日，果然在半年內馬上達成目標。我並不是推崇這種「清教徒」似的生活方式，而是佩服她的決心，相信日後她只要設定了人生目標，都會以同樣的精神全力以赴，這才是重點。我還有另一個朋友一心要拿到專業證照，每到假日不像多數上班族安排休閒玩樂，而是選擇搭乘大眾運輸工具到遠在百公里外的城市上課，只為了達成自己轉業的夢想。

不管你對金錢的看法如何，但在現代浮華的社會中，全心灌注在夢想的追求，就得忍受一般人所不能忍受的嚴苛生活。

因此無論是就理財或逐夢的角度，我們對金錢的價值觀充分反映出我們的人格特質，你是實事求是的，還是一個連自己生活都顧不好的人。特別是如果你也是個注重精神層面的人，更需要精心管理你用錢的方式，才能達到滿足你心靈的目標。

我無法教你如何理財，或是怎樣致富，只是希望你能認知到，你對事物的價值觀，將你的人生帶來決定性的影響。你無法什麼都要，只能選擇其一時，你會優先將財富做怎樣的配置？是著重在精神的追求，還是物質的揮霍？

11.不要忘了屬於自己的人生

每個人的個性、生活方式，各有不同，就拿花錢的方式來說，有人非名牌不穿、有人隨便菜市場、地攤貨都可以接受，有些人能接受造型多變，有些人則固定服飾風格凸顯個人特色，有人偏好鄉村風格的居家布置，有些人則喜歡華麗風格或簡約裝潢等；因為每個人的喜好跟生活方式的不同，也塑造了各種獨特性。

然而我們為什麼會拋棄了原本的風格，而開始改變呢？通常都是因為接觸到我們喜愛的對象，可能是某個偶像、某種刊物，因而改變我們原來的品味和嗜好。如果改變能讓我們成長的話，那當然是好事，但如果不是呢？假使你透支財務只為了追求跟他人一樣，那等於是預支你的未來，終有一天得打回原形，甚至連原本的生活水平都無法維持。這就是種變相的追求，反倒將使我們失去原有的正常生活。

有些人看著帥氣明星、偶像的甜美、酷帥造型搭配，也想要模仿，於是不惜灑大把銀子，希望穿跟對方一樣的服飾，擁有跟偶像一樣的物品，一味的模仿、崇拜，不僅風格完全無法駕馭，還被說穿得很奇怪外，也忽略了自己真正的生活，忘了自己是誰。這就成了一種盲目，失去原本欣賞偶像的初衷了！

請細細思量，你所喜歡的偶像，究竟是因為對方的外型，還是獨特的才華，深深吸引了你。記住！你欣賞的是「那個人」，而不是把自己變成對方──這存在著極大差異。

我們所崇拜的，往往是透過一定的距離觀望，喜歡上對方費心塑造出來的形象，未必是本人真實的樣貌。因為有了距離，讓我們看到的盡是美好，而非背後的陰影，缺點早被隱藏。但無論是誰都會有缺陷，就像你站在美好的事物前面，更容易感受到自己的不足一樣。但那才是真實人生的一部分，誰又真的能擁有十全十美的人生呢？

當你將視線望向遠方的夢想，別忘了區別這究竟是不切實際的夢幻，還是可以具體實現的理想。往往我們所迷戀的，都是自己所難以達到的，透過從其他人身上，找到滿足自我的慰藉。彷彿是海市蜃樓，只能遠觀而無法捉摸。

記得有個朋友告訴我，她是如何喜歡翻閱那些流行雜誌。

「看到裡面的居家設計跟服飾，能帶給我無比的幸福感。」她說。

這不正如我們對偶像的崇拜心態一樣嗎？因為他們像是描繪了我們所不能達到的美夢，使我們在精神上得到滿足，那就夠了！生活仍要繼續，並不會因你的幻想而改變什麼，唯一能改變現狀的還是靠自己的努力，才能改變現有的生活。

12. 流行不一定適合你

多數人喜歡追逐流行，時下最夯的是什麼就想參一腳，深怕自己未融入其中的話會惹人笑柄，無法融入團體之中。

尤其在青少年最常見到。不過這也無可厚非，因為那正是學習摸索階段，如何跟團體磨合是除了課業外生活中最重要的部分。但如果你已經過了這種青澀的成長期，踏入了社會，仍礙於同儕或是從眾壓力而一味盲目的追求流行的話，那可能該停下腳步，好好審視一下自己的成熟度了。

你必須先了解，流行是什麼？為什麼會造成流行？有很多時候，那不過是商人為了吸引更龐大的消費者而創造出來的。透過各種廣告促銷洗觀眾的腦，讓你覺得像是非擁有不可，你這麼想、旁邊的人也這麼想，於是多數人共同的看法造成一股風潮。但這風潮能持續多久，沒人曉得，不過可以肯定的是，早有人荷包飽飽，受惠的卻不一定是你我。

在此我要先說明，流行不一定不好，畢竟能造成一股風潮必然有它吸引人的地方，但我們必須要審視的是，不是所有人都適合追逐當下的流行，也不是每個人都具備那樣的條件可以去擁抱流行。

過去我曾經擔任流行雜誌的編輯，經常接觸到服飾流行的第一手資料，你會發現很多的流行會一下子就横掃菜市場、地攤，然後變成一種很滑稽的現象。

曾經，有陣子流行緊身花褲子，我竟在一次坐車經過市區時，看到一個屁股很大的阿桑單穿件緊身大朵花印花褲，然後上身也不遑多讓的穿了一件碎花衣裳，全身花到令人慘不忍睹。我忍不住好奇，她在這波流行之前是怎樣穿著的？再怎樣都一定要比現在來得好吧！

國際色彩權威PANTONE彩通每年都會選出年度代表色，二〇二二的年度代表色是帶有藍色的特質，同時又保有紫紅基調的「長春花藍色」。不久後到處都是紫色，從帽子、衣服到鞋子、餐具等等，彷彿讓人陷入「紫海」之中。其實紫色並不討人厭，但當全部人都跑去穿紫衣、戴紫帽時，就顯現不出這顏色的非凡，而成了一種俗氣了。

另外像是「松鼠褲」、誇張色彩或是特殊剪裁的服裝，都不是適合所有高矮胖瘦體型的人，如果看別人穿好看也硬要加在自己身上，反而成了四不像，還不如一般輕鬆的休閒服來得體面。

聖羅蘭先生（Yves Saint Laurent）的經典名言說：「時尚易逝，風格永存。」認識、了解自己，建立屬於你的基本風格，並順應人生的階段，調整與捨棄。當季的流行服飾或顏色不適合你，就繼續你原有的風格，反而顯得獨特。如果硬要把自己擠進那些不搭的流行風，不僅浪費金錢還顯得突兀。

這就好比一些世俗眼光，有些人喜歡被吹捧，被人「董仔、董仔！」的稱呼，但是是哪種「董仔」就只有自己最知道。創業有創業的艱辛，替人打工有替人打工的安定，在風險和穩定面前，你得先想清楚你最能承受的是那一種。

一個小小螺絲釘也能發揮它的重要性，開疆拓土也需要有一番本領，人的性格決定命運，這絕不是盲目「跟風」可以改變的。

當流行已經成為「流行」，你再去追隨已經是「跟風掛尾」了，任何成功者絕對是抓準時機站在浪頭上，而不是等浪潮過了才去追。我們必須有一套衡量自我的標準，你才會知道自己該做什麼，又不該做些什麼，這才是屬於你人生必經的道路，也才能走出真正的自我的風格。

13. 人生就像跳格子

隨著生活的腳步日益緊湊，每天會發生的大小事也更多，讓人很難置身事外。有令人開心的事，也有令人傷心的事，要讓人每天都保持著同樣的好心情，似乎也不是那麼容易。

你可能有經驗，明明昨天才剛過完生日，一群好友們聚在一起歡唱，怎麼今天就因為接到詐騙電話，影響了一整天的好心情。也有可能你剛接到一通期待已久的電話，才在歡天喜地時，卻一個不小心摔了一跤，把手機也給摔壞……

要怎麼說呢？世事總是有令人意想不到的發展，有些人神經大條，面對波折能毫不放在心上，但有些人卻會因為別人無心的一句話，而難過好幾天，有人把後者的性格稱之為「高敏感族群」，一如所有流行的專有名詞，立刻有很多人又拿這個當藉口，就像以前談論「高EQ」掛帥時，卻沒人願意承認自己是低EQ一樣。

不管你是高敏感族群、低敏感族群，只要你不是笨蛋，對發生事件都會有所感受。那為什麼有些人會因為一件事低潮好久，而有些人不會，這其實差別在於，有些人懂得調適自己，而有些人卻喜歡鑽牛角尖，這也影響著我們人生的發展。

你一定也曾認識愛笑的朋友，在別人還沒反應過來時，他已經笑得前俯後仰，這種人大家會拿他們當開心果，但殊不知反倒是研究指出，笑點低的人才是最孤獨、最敏感的族群呢！為什麼他們表現出來的，卻又是一副笑口常開的樣子？這不是因為他們特別「假仙」，而是擁有樂觀的因子。

樂觀的人不會因為前一秒發生的壞事影響他們下一秒面對其他事務的態度。他們能輕易跳過那些鬱悶，而歡喜迎接未來。這是一種態度，看似簡單，卻往往是經過無數的教訓才能做到的。

試想，自己有多少次總是跨不過那一關？為著遇到的不如意而鬱鬱寡歡，以至於無視幸福的存在。就算周遭充滿歡笑，卻唯獨你置身其中愁眉苦臉。這不僅讓我們錯失快樂時光，更嚴重影響我們的身心健康。

我們都希望成為一個快樂的人，也常羨慕他人總是充滿歡笑，這其中沒有祕密，純粹是看淡憂愁，放大喜悅的幸福時光而已。當我們能凡事想開一點，遇到難過、不順的事聳聳肩，不沉溺其中，不在不愉快的事情上浪費時間，而把重心放在對自己有益、正面的事物上。

就算跟人發生衝突，覺得自己與人格格不入時，，有時也得學會放手。因為是人就會變，不可能一直盡如人意，你唯一能做的就是做出選擇。離開一段對你無益的關係不是世界末日，而是空出些位置，等待更美好的因緣來填滿。

有些人平日相處起來都好，卻在意外狀況下讓你看清對方真面目。這時你還得感謝這冥冥中的「指引」，如果短暫的痛苦能使你趁早覺醒，這沒什麼不好。

所以我覺得人生就像跳格子一樣，你想達到目的地，總有該閃避的點、該努力達到的方向，匯集起來才算是完整的人生；而且，跳得遠沒有用，跳得準的話，跳幾步就能抵你跳十幾步了。學著別在難過的事上拖泥帶水，而是把焦點集中在那些使你感到幸福的事物上，才能帶來更多更美好的生活體驗。

別怕受傷，生活就是懂得擁抱傷口再緩慢前行，
慢慢來，有一天就能做到「剛剛好」。

國家圖書館出版品預行編目資料

所有的好，都不如剛剛好 / 徐竹著．——初版——[
新北市]：晶冠出版有限公司，2022.11
面；公分．——（時光薈萃；12）

ISBN 978-626-95426-7-3（平裝）

1.CST: 修身 2.CST: 生活指導 3.CST: 人生哲學

192.1　　111016428

時光薈萃 12

所有的好，都不如剛剛好

作　　者　徐竹
行政總編　方柏霖
副總編輯　林美玲
校　　對　蔡青容
封面設計　王心怡
出版發行　晶冠出版有限公司
電　　話　02-7731-5558
傳　　真　02-2245-1479
E-mail　ace.reading@gmail.com
部 落 格　http://acereading.pixnet.net/blog
總 代 理　旭昇圖書有限公司
電　　話　02-2245-1480（代表號）
傳　　真　02-2245-1479
郵政劃撥　12935041 旭昇圖書有限公司
地　　址　新北市中和區中山路二段352號2樓
E-mail　s1686688@ms31.hinet.net
印　　製　福霖印刷有限公司
定　　價　新台幣280元
出版日期　2022年11月 初版一刷
ISBN-13　978-626-95426-7-3

旭昇悅讀網 http://ubooks.tw/